मेघदूत

मेघदूत

अनुवाद

नागार्जुन

वाणी प्रकाशन

प्रकाशन के उत्कृष्टतम 62 वर्ष

सजिल्द प्रथम संस्करण : 2014
सजिल्द द्वितीय संस्करण : 2020
सजिल्द तृतीय संस्करण : 2025

vaniprakashan.com

वाणी प्रकाशन

4695, 21-ए, दरियागंज, नयी दिल्ली-110 002

फ़ोन : + 91 11 23273167, 23275710

शाखाएँ

अशोक राजपथ, पटना-800 004, बिहार

कॉफ़ी हाउस कैम्पस, महात्मा गांधी मार्ग, प्रयागराज-211 001, उत्तर प्रदेश

महात्मा गांधी अन्तरराष्ट्रीय हिन्दी विश्वविद्यालय, वर्धा-442 001, महाराष्ट्र

sales@vaniprakashan.in
vaniprakashan@gmail.com

Meghdoot
Translated by Nagarjun

ISBN : 978-93-5072-574-0
Poetry

मूल्य : ₹ 395

जी.एस. ऑफ़सेट, दिल्ली-110 095 में मुद्रित

वाणी प्रकाशन का लोगो मक़बूल फ़िदा हुसैन की कूची से

भूमिका

मेघदूत हमारे भारतीय वाङ्मय का एक अनुपम अंश है। कविकुल-गुरु कालिदास की यह रचना विश्व-साहित्य में बेजोड़ समझी गयी। दुनिया की प्रमुख भाषाओं में आज इसका अनुवाद सुलभ है। अंग्रेजी, जर्मन, फ्रेंच, रूसी, सिंहली, तिब्बती रूपान्तर देखने का सौभाग्य मुझे प्राप्त है। अपने देश में मेघदूत के अनुवाद हिन्दी, उर्दू, बांग्ला, मराठी आदि भाषाओं में उपलब्ध हैं।

यूरोप और पश्चिमी संसार के समक्ष मेघदूत को उपस्थित करने का श्रेय है होरेस हेमन विल्सन साहब को। उन्होंने अपना अंग्रेजी अनुवाद 'क्लाउड मैसेंजर' सन् 1813 ई. में कलकत्ता से प्रकाशित कराया। विल्सन ईस्ट इंडिया कम्पनी के असिस्टेंट सर्जन थे और रॉयल एशियाटिक सोसायटी के मंत्री भी। संस्कृत-प्राकृत-पालि-अपभ्रंश की दसियों कृतियाँ उनके द्वारा अंग्रेजी में अनूदित हुईं और इस प्रकार पाश्चात्य जगत् के समक्ष पहुँचीं। मेघूदत का परिचय रूस को सौ वर्ष बाद प्राप्त हुआ ठीक 1913 ई. में जबकि कारकोव से उसका प्रथम रूसी संस्करण बाहर आया। तब से 'ओब्लाको वेस्तनिक' वहाँ के जनसामान्य की प्रिय वस्तु बना हुआ है। बारहवीं-चौदहवीं सदियों के मध्य का तिब्बती मेघदूत अब भी उपलब्ध है। एक-एक भाषा में पीछे कई-कई रूपान्तर होते रहे।

हिन्दी में मेघदूत के पद्यानुवाद अब तक मैं आठ देख चुका हूँ, कुछ और भी अवश्य होंगे—अप्रचारित या अप्रकाशित स्थिति में। गद्यानुवाद छह-सात मिले हैं। सर्वप्रथम पद्यानुवाद राजा लक्ष्मणसिंह ने किया ब्रजभाषा में, जो कि 1882 ई. में प्रकाशित हुआ था। पीछे के अनुवादकों में ठाकुर जगमोहनसिंह, अवधवासी 'भूप' उपनाम लाला सीताराम बी.ए., राय देवीप्रसाद पूर्ण, पंडित लक्ष्मीधर वाजपेयी, सेठ कन्हैयालाल पोद्‌दार, पंडित केशवप्रसाद मिश्र और पंडित रामदास आदि के नाम आते हैं। इनमें से कुछ अनुवाद तो बेहद लोकप्रिय हुए। मुझे लक्ष्मणसिंह, देवीप्रसाद पूर्ण और केशवप्रसादजी वाले रूपान्तर विशेष प्रिय रहे हैं।

अपने इस काव्य के लिए कालिदास ने 'मन्दाक्रान्ता' छन्द को चुना था। सत्रह-सत्रह अक्षरों का एक-एक चरण होता है इस छन्द का। आरम्भ के चार अक्षर द्विमात्रिक, फिर पाँच अक्षर एकमात्रिक (ह्रस्व), फिर एक द्विमात्रिक के साथ स्वरक्रम झटका खाता है; फिर ग्यारहवाँ अक्षर द्विमात्रिक (गुरु), बारहवाँ एकमात्रिक, तेरहवाँ और चौदहवाँ द्विमात्रिक, पन्द्रहवाँ एकमात्रिक और सोलहवाँ-सत्रहवाँ दोनों ही द्विमात्रिक। अर्थात्–

ना ना ना ना, न न न, न न ना, ना न ना, ना न ना, ना
आँ खें मूँ दे व्य थि त स्व र में मे घ से य क्ष बो ला
कश्चित् कान्ता विरहगुरुणा स्वाधिकारात्प्रमत्तः

इस प्रकार समग्र मेघदूत काव्य एक इसी छन्द में गुंफित है। काश्मीर-निवासी महाकवि क्षेमेंद्र ने अपने 'सुवृत्ततिलक' में लिखा है कि वर्षा-ऋतु, प्रवास अथवा विपत्ति का वर्णन करना अभीष्ट हो तो 'मंदाक्रांता' का सहारा लेना चाहिए। सम्भवतः मेघदूत की विषयवस्तु और तदनुकूल इसकी लयबद्धता के कारण ही क्षेमेंद्र उक्त निर्णय पर पहुँचे थे।

भारतीय छन्दों की गेयता के सम्बन्ध में, ऋचाओं के सम्बन्ध में, तात्कालिक लोकलय से अनुप्राणित प्राकृत-पालि की गाथाओं के सम्बन्ध में प्रामाणिक शोधकार्य अब तक आरम्भ नहीं हुआ। अपनी इस विप्रलम्भ-रस-रचना के लिए अकारण ही महाकवि ने मन्दाक्रान्ता छन्द को नहीं चुना होगा। यह काव्य रससिद्ध तो है ही, स्वरसिद्ध भी कभी अवश्य रहा होगा।

दिवंगत आचार्य लक्ष्मीधर वाजपेयी ने मेघदूत का अपना अनुवाद मन्दाक्रान्ता छन्द में ही किया था। आचार्य महावीर प्रसाद द्विवेदी आदि कतिपय मनीषियों ने वाजपेयी जी के इस प्रयास की भूरि-भूरि सराहना की थी। परन्तु समासशक्ति की गुंजाइश न रहने के कारण कालिदास की एक पंक्ति का हिन्दी-रूपान्तर कोई एक ही पंक्ति में हमेशा कर ले जाए, यह हो नहीं सकता। पच्चर ठोकते-ठोकते मर जाइएगा, फिर भी ढिलाई दूर नहीं होगी। भाव पूरा नहीं आएगा!

प्रस्तुत रूपान्तर और मुक्तवृत्त

मैं बहुत दिनों से सोचता रहा, सोचता रहा कि किस प्रकार कालिदास की मूल भावना को ज्यादा से ज्यादा लोगों तक पहुँचा दिया जाय। हिन्दी कविता का आधी शताब्दी का विकासक्रम सामने था। निराला थे, तारसप्तकों की झंकार थी, सरदार जाफ़री का शृंखलित मुक्तवृत्त था। कई कृती कलाकारों के गद्यकाव्य थे। प्रयाग के

नये साहित्यकारों की हमारी अपनी गोष्ठी तो ख़ैर थी ही।

आखिर इस अनुवाद के लिए मैंने 'स्वच्छंद' छन्द को ही चुना लिया—पंक्तिविच्छेद की शैली में गुम्फित गद्यकाव्य का यह ढाँचा मुझे क्यों प्रिय है, बता नहीं सकता!

मुक्तवृत्त की इन योजनाओं के प्रति हमारा आज का यह जो लगाव है, इसके कई हेतु हैं।

आधुनिक हिन्दी काव्य जिस तरह यूरोप, अमरीका और बंगाल के काव्यप्रयोगों का ऋणी है अपनी विषयवस्तु के लिए, ठीक उसी प्रकार रचनाविन्यास क़ी दिशा में भी वह उनका उधार खाता आया है। बंगाली कवियों पर पश्चिमी काव्य-धारा का प्रभाव स्पष्ट है। माइकेल मधुसूदन दत्त अपने अभिनव प्रतीकों, उत्प्रेक्षाओं, व्यंजनाओं और छांदसिक विच्छित्तियों की वजह से ही युगान्तरकारी कवि कहलाये। इस प्रख्याति के पीछे उनकी अपनी प्रतिभा तो थी ही, मगर पाश्चात्य काव्य-प्रयोगों का उनका गम्भीर पांडित्य भी माइकेल की कवि-कीर्ति का अन्यतम आधार अवश्य था। गद्यकाव्य या काव्यगद्य की शैली में रवीन्द्र की अंग्रेजी 'गीतांजलि' प्रकाशित हुई तो उधर के कुछ एक विदग्ध मीमांसकों ने कहा—भारतीय कवि की यह कोई अपनी शैली थोड़े है, यह तो बाइबिल से उधार ली हुई टेकनिक है! इसके प्रतिवाद में रवीन्द्रनाथ ने वैदिक ऋचाओं की ओर संकेत किया था, और यही बात निराला ने 'परिमल' की भूमिका में लिखी है अपनी मुक्तवृत्तता का निदान बतलाते हुए। निराला अपने मुक्त-छन्दों में स्वरों की उपेक्षा कभी नहीं करते; स्वतंत्र होते हुए भी उनके काव्यप्रयोग स्वरसंहिता से संयुक्त रहे हैं।

श्री हम्बर्ट वुल्फ ने विश्वकोष में भाव को ही मुक्त छन्द का उद्‌गम बतलाया है। अंग्रेजी बाइबिल का अनुलेखन-काल 17वीं शताब्दी के आरम्भिक वर्षों में माना गया है। ईसाइयों के उक्त निकाय-ग्रन्थ में दाऊद और सुलेमान (सन्त सोलोमन) के उद्‌गारों की काव्यात्मक लयबद्धता, भावमूलक होने के कारण ही तो हमें इस प्रकार खींचती है। वैदिक ऋचाएँ, उपनिषद के काव्य, पालि-प्राकृत के सुत्त, आयुर्वेद की संहिताएँ, दर्शनों और व्याकरणों के सूत्र एवं वृत्तियाँ, पिछले युगों में निर्मित भाष्य-महाभाष्य—भारतीय वाङ्मय की यह लम्बी परम्परा स्वरशून्य गद्यों की नीरस परम्परा नहीं रही। विषय-वस्तु के साथ-साथ गेय तत्त्व का यह सामंजस्य हम 'दशकुमारचरित' में भी पाते हैं और 'हर्षचरित' तथा 'कादम्बरी' में भी।

तथापि यह मानना होगा कि वास्तविक मुक्तछन्द आधुनिक युग की ही उपज है। हमारे साहित्यिक प्रयोगों की शृंखला अन्यान्य देशों के साहित्यिक विकास की परम्परा से जुड़ी हुई है। यूरोप और अमरीका के कवियों ने अपने-अपने यहाँ की

छांदस परिधि को कैसे तोड़ा, क्यों तोड़ा, हमें यह समझ लेना होगा।

फ्रांस, इटली, अमेरिका, रूस और इंग्लैंड में मुक्तवृत्त की यह नयी परम्परा पनपी। राजनैतिक, औद्योगिक एवं सामाजिक उथल-पुथल के दौर में वहाँ के कवियों में अपूर्व मनोमन्थन चला। क्या अंतस्तत्त्व, क्या बाह्य विधान, कविकर्म की 'सनातन' रूढ़ियाँ टूक-टूक हो गयीं। ओजस्वी प्रतीकों के परुष कवि मायकोव्स्की की प्रतिभा का उन्मेष इसी अभिनव माध्यम के द्वारा हुआ। 19वीं सदी के अन्तिम और 20वीं सदी के आरम्भिक वर्षों में फ्रांस की काव्यात्मा बुर्जुआ विकृतियों का शिकार हो गयी; तब से वह अपंग ही पड़ी थी। इधर आकर'40 के बाद लूई अरागों और पाल एलुआर ने उसकी नसों में नवजीवन का संचार किया है। चिली-निवासी (परन्तु अपनी भूमि से निर्वासित) कवि पाब्लो नेरूदा और हाल ही विश्व के साहित्य-गगन में चमकनेवाले तुर्की कवि नाज़िम हिक़मत की भी वाणी मुक्तछन्दों में ही प्रवाहित है।

फक्कड़ अमरीकी कवि वाल्ट ह्विट्मैन अपने युग में ओजस्वी भावनाओं का सर्वश्रेष्ठ शब्द-शिल्पी था। पहाड़ी नदी के प्रखर प्रवाह की तरह उसकी कविता बह निकली, छन्द सम्बन्धी बंधनों की रत्ती-भर भी परवाह ह्विट्मैन को नहीं थी। डेमोक्रेसी ही उसकी प्रेरणाओं का स्रोत रहा। परन्तु आज के मुक्तछन्दी कलाकारों का मसीहा वह बूढ़ा अमरीकी नहीं है, एज़रा पाउंड और टी.एस. इलियट को ही अब इस दिशा में उपाध्याय एवं महोपाध्याय का आसन प्राप्त है। और, इन दोनों पर किसका प्रभाव पड़ा था? फ्रांस के प्रतीकवादियों का असर तो खैर सर्वव्यापी था ही, चीन की प्राचीन कविताओं से भी शब्दशिल्प की यह स्वच्छन्द शैली उन्होंने अपनाई। अंग्रेजी में हॉपकिन्स का भी प्रभाव इन कवियों पर माना जाता है। वैदिक ऋचाओं के ढंग भी पाउण्ड और इलियट को प्रिय हैं, उनसे उन्होंने कुछ लिया भी है।

कहना नहीं होगा कि ह्विट्मैन का मुक्तछन्द सर्वथा विमुक्तबन्ध था, परन्तु आज का मुक्तछन्द सुसंयत एवं सुगठित है। छन्दों का सामान्य गुम्फन जिस कौशल की अपेक्षा रखता है, इसमें उससे कहीं अधिक निपुणता अपेक्षित रहती है। छन्दों पर जिनका अच्छी तरह अधिकार होगा, मुक्तवृत्त की रचना में वही सफल रहेंगे। इसी प्रकार, मुक्तछन्द के वैरूप्य एवं वैविध्य की अभिज्ञता छान्दस प्रतिपत्ति में सहायक होगी।

यथा-तथा रचित ऊटपटाँग पंक्तियों का सस्वर पारायण श्रुतिमधुर किंवा श्रवणोत्तेजक हो सकता है, किन्तु कविता की असल कसौटी तो श्रुतिमधुरता या श्रवणोत्तेजकता मात्र नहीं हुआ करती! ठीक उसी प्रकार, टेढ़ी-मेढ़ी सर्पिल पंक्तियों

का कथंचित् विन्यास मात्र मुक्तवृत्त नही होगा। हाँ, छन्द-सम्बन्धी अपनी अक्षमताओं पर पर्दा डालने का इससे बढ़िया कोई दूसरा तरीक़ा शायद ही हो! आये दिन, हम देखते हैं कि कई-एक मूर्धन्य साहित्यकार अब अपनी बुढ़उती में मुक्तवृत्त पर हाथ साफ कर रहे हैं!! नौसिखुआ को तो समझा-बुझा लीजिएगा, लेकिन सद्यः कवि-कीर्ति के इन लालची महानुभावों का क्या इलाज करेंगे आप?

मुक्तछन्द का मौजूदा रूप भी स्थिर नहीं रहेगा। हमारे देश की वैज्ञानिक प्रगति और औद्योगिक विकास जिस प्रकार लोकचेतना को स्फीत-स्फुरित करते चलेंगे, उसी प्रकार काव्य-प्रयोगों में भी परिवर्तन होता चलेगा।

आज फिर काव्यात्मा लोक-गीतों की ऋजुता पर उतर आना चाहती है। मुक्तछन्द ने गद्य की भाषा को पूर्ण कर दिया है और पद्य के संकुचित दायरे को काफी फैला दिया है। इस शैली में क्या कुछ नहीं लिखा गया? सब कुछ लिखा गया है इसमें। प्रथम श्रेणी के विश्वकवियों ने खुले बन्दों की लचकीली पंखुड़ियों पर अपनी-अपनी प्रतिभा को थिरकाया है। श्रेष्ठ से श्रेष्ठ वस्तु मुक्तछन्द में तैयार की गयी। राजनीतिक नारेबाजी, सामाजिक विस्फोट, शिशुओं को सुलाने के लिए लोरियाँ, सन्तों की सूक्तियाँ, शृंगार और विप्रलम्भ, हास-परिहास, काकु और वक्रोक्ति ...मुक्तछन्द सबको निहाल कर चुका है। कवियों और गद्य-लेखकों को इसने एक ही आसन पर ला बिठाया है। मात्रिक बन्धनों और अन्त्यानुप्रासों के जटाजाल में उलझी हुई कवि-प्रतिभा को गद्य की समतल भूमि पर उतार लाने का श्रेय इसी मुक्तवृत्त शैली को है।

अनुभव से मैं इस नतीजे पर पहुँचा हूँ कि किसी रचना में अन्त तक मुक्तवृत्त की शैली को निभा ले जाना बड़ा ही दुष्कर काम है। पंक्ति तीन शब्दों की हो चाहे पाँच-छह या दस-ग्यारह-बारह शब्दों की, या चार-आठ-बारह शब्दों की हो, गेयता की दृष्टि से उस पंक्ति का किसी न किसी क्रम में छन्दगन्धी होना आवश्यक है। अर्थात् किसी न किसी छन्द के महीन धागे के सहारे ही यदि पंक्ति की तितलियों क़ो ऊँचा उड़ने दिया जाय और इस प्रकार शब्दशिल्प का सूत्रधार अपनी लाड़ती पुतलियों पर काबू रख सके तो सफलता निश्चित है। इस कौशल का निर्वाह हुआ हो तो उसे मैं 'गुम्फित मुक्तवृत्त' कहूँगा। उदाहरण के लिए—

मैं शुरू हुआ मिटने की सीमा-रेखा पर
रोने में था आरम्भ, किन्तु गीतों में मेरा अन्त हुआ...
मैं एक अधूरी कथा
कला का मरण-गीत रोने आया

(तारसप्तक–1, गि.कु. माथुर)

अथवा–

फूटा प्रभात, फूटा विहान
छूटे दिनकर के शर, ज्यों छवि के वह्नि-बाण
आलोकित जिनसे धरा
प्रस्फुटित पुष्पों के प्रज्वलित दीप
लौ भरे सीप

(वही, भा.भू. अग्रवाल)

अथवा–

एकान्त सत्य बहते रहना
सुधि सम्बल ले चिर-एकाकी
बस सफ़र सफ़र...

(वही, प्र. माचवे)

यह तो रही व्यवस्थित या सुसंयत मुक्तछन्द की बात। अब असंयत या अव्यवस्थित मुक्तछन्द पर आइए।

मात्राओं के बंधन से बिल्कुल अलग, छन्द की स्थूल किंवा सूक्ष्म लाक्षणिकता से सर्वथा अछूता। परन्तु, आवेगमय भावनाओं पर सवार या फिर वक्रोक्तियों से दमकता हुआ...

मगर इसमें भी स्वरों की गुंजायश रहती है। घनाक्षरी, मनहर जैसे वार्णिक छन्दों के पाये पर मुक्तवृत्त के इस प्रभेद को मजे में खड़ा किया जा सकता है। कभी-कभी लोक-कथा की तुकांत शैली भी इसमें आकर भिड़ जाती है तो पंक्तियों की पूँछें जगमगा उठती हैं! भावनाट्य के लिए यह शैली खूब ही उपयुक्त बैठती है। इसे मैं 'निर्बंध मुक्तवृत्त' कहूँगा। उदाहरण के लिए–

बाँसरी प' चला इमनकल्याण
बेला पर बिछ गया बेसुध मालकोश
बाएँ और दाएँ हाथ की बीचवाली तीनों उँगलियाँ
तबला और डुग्गी पर
नचा गयीं जाने किस-किस राग को
तदन्तर कविताएँ सुनी गयीं...

अथवा–

सरग था ऊपर, नीचे था पाताल

अपच के मारे बुरा था हाल
दिल-दिमाग भुस के, खंदूदर की थी खाल

अथवा–

अभी तो तरुणी हूँ
चौंकते युवजन
भिक्षापत्र लेकर जब मैं निकलती

अथवा–

इसी होटल के करीब
भूखे मजबूर गुलामों के गिरोह
टिकटिकी बाँध के तकते हुए ऊपर की तरफ
मुन्तज़िर बैठे हैं उस सायत ए-नायाब के, जब
बूट की नोक से नीचे फेंके
अजनबी देस के बेफ़िक्र जवानों का गिरोह
कोई सिक्का, कोई सिगरेट, कोई केक
या डबल रोटी के जूठे टुकड़े
छीना-झपटी के नज़ारों का मज़ा लेने को
पालतू कुत्तों के एहसास पै हँस देने को।
भूखे मजबूर गुलामों का गिरोह
टिकटिकी बाँध के तकता हुआ इस्तादा है।

(अजनबी मुहाफिज़ : सा. लुधियानवी)

कहना नहीं होगा कि मेघदूत का प्रस्तुत अनुवाद भी इसी शैली में तैयार किया गया है। आरम्भ में कुछ-एक श्लोकों तक अनुवादक की चेतना पर निराला छाए रहे, बाद को उसने उनसे छुटकारा पा लिया।

यहाँ मैं खुले तौर पर स्वीकार कर लूँ कि यह प्रयास कोई सर्वातिशायी प्रयास नहीं है। भविष्य में अच्छी से अच्छी प्रतिभा कालिदास को हिन्दी की भावभूमि पर उतारेगी।

मेघदूत : उसकी लोकप्रियता के कारण

शापग्रस्त एक विरही यक्ष ने पावस के उमड़ते बादलों को देखा तो बेचैन हो उठा। अपनी प्रियतमा की याद में विह्वल होकर उसने मेघ से प्रार्थना की—तुम्हें मेरा दूत बनना पड़ेगा मेघ भाई! अपनी भाभी के नज़दीक जाना होगा, चाहे जैसे भी जाओ,

जाना मगर होगा ही... तकलीफ़ तो इसमें ज़रूर होगी, लेकिन भाई का काम भाई नहीं करेगा तो और कौन करेगा?...

—भारतीय कवि की यह अनुठी सूझ थी। वैदिक, औपनिषद एवं पौराणिक प्रतिभा जहाँ तक छलाँग मार चुकी थी, यह पहली दफ़े भारतीय प्रतिभा वहाँ से आगे उड़ी। पावस का प्रथम मेघ अपनी मस्ती में था, धीरललित गति से आकाश की सैर कर रहा था वह। ...किन्तु चेतना की गिरफ़्त में पड़कर अचेतन तत्त्व बिल्कुल ही ठिठक गया। कुछ बस नहीं चला मेघ का, पूरी की पूरी बात विरही यक्ष की उसे सुननी पड़ी! अनुनय और स्नेह का बन्धन कोई मामूली बन्धन थोड़े है?

—सो, मेघ भाई को आख़िर दूत बनना ही पड़ा!

'मेघूदत' को हमारे यहाँ के टीकाकारों और साहित्य-मीमांसकों ने एक अपूर्व खंडकाव्य माना है। व्याख्याकार स्थिरदेव (11वीं सदी) कालिदास की इस कृति को काव्य अथवा खंडकाव्य नहीं, अपितु महाकाव्य मानते हैं। इनकी राय में, महाकाव्य के अठारहों लक्षण 'मेघदूत' में मिलते हैं, फिर आप मेघदूत को क्यों नहीं महाकाव्य कहिएगा?

—मेघदूत खंडकाव्य है।

—मेघदूत काव्य है।

—मेघदूत महाकाव्य है।

साहित्य-शास्त्र की परिभाषा के अनुसार वह चाहे कुछ भी हो, परन्तु साधारणतः विचार करने पर इतना तो बेझिझक कहा जा सकता है, 'मेघदूत' भारतीय काव्यजगत् में सर्वथा नूतन परम्परा का आरम्भ था। हमारे वाङ्मय के लिए यह एक अभिनव अवदान था कालिदास की तरफ़ से।

महामहोपाध्याय मल्लिनाथ ने इंगित किया है और 'मेघदूत' के कतिपय अन्य टीकाकारों की भी राय है कि मेघ से दूत का काम लेने की प्रेरणा कालिदास ने आदिकवि बाल्मीकि से ली होगी—पवनपुत्र हनुमान भी तो लंका पाँव-पैदल नहीं गये थे न? राम का सन्देश सीता तक पहुँचा देना और फिर सही-सलामत वापस आ जाना...आदिकवि ने अंजनीनंदन से इतना काम तो अवश्य ही करवा लिया। तो, कालिदास का विरही यक्ष वही काम मेघ के सुपुर्द करता है—और सो भी गया तो कभी वापस नहीं आया! पता नहीं, उस बेचारे का क्या हुआ आख़िर! बाक़ी चार महीने उस गरीब के कैसे कटे, आज तक किसी ने नहीं बतलाया हमें!

तो, क्या कालिदास की प्रतिभा मेघदूत उधार ले आयी थी? यक्ष-संदेश का श्रेय क्या आदिकवि को ही प्राप्त है?

—नहीं, नहीं, नहीं। नहीं, बिल्कुल नहीं।

'मेघदूत' की कल्पना कालिदास की मौलिक कल्पना थी, बिल्कुल अपनी सूझ थी। यहाँ के एक चक्षुष्मान् पृथ्वीपुत्र की नैसर्गिक उद्भावना थी यह...अपने हिन्द की गँवई गीतों की कड़ियाँ आज भी तो वह काम लेती हैं बादलों से!

दूत के रूप में मेघ को यक्ष के समक्ष पेश करना मौलिक तो खैर था ही, कवि-कल्पना का भारतीय सीमान्त भी था यह। ग्रीष्मशेष के धूलिधूसर आकाश में काले-कजरारे बादल देखते ही हमारा दिल थिरकने लगता है। और कहीं, स्नेही स्वजन निकट न हुए तो मन की दशा बुरी से बुरी हो जाती है; जी उचट जाता है बिल्कुल, उस बदहाली का भला क्या पूछना!

यों भी तो भारतीय जन-मन पर मेघ छाया हुआ है। हमारी खेती-गिरस्ती उसी पर निर्भर है। अपना प्राचीनतम वाङ्मय—वेद—मेघ-महिमा से मुखर है। यहाँ मेघ केवल आकाश में ही नहीं रहा, ऋचाओं और मंत्रों की सवारी की है उसने। प्राकृत और पालि की गाथाएँ, संस्कृत के छन्द, अपभ्रंशों के आख्यान, आंचलिक बोल, प्रादेशिक लोक-कथाएँ...बिन्दुमाल सौदामिनी-वल्लभ मेघमहाराज की तरल करुणा से सिक्त है हमारा समग्र वाग्वैभव।

पी. रित्तेर (मे. का रूसी अनुवादक) की राय में मेघदूत "करुणापूर्ण संतप्त स्वगत उद्‌गार" है। 'मेघदूत' का सारांश बता चुकने के बाद वह लिखते हैं—

यात्रामार्ग, तदनन्तर कुबेर के कल्पित राज्य तथा स्वयं यक्ष के निवासस्थान का वर्णन और साथ पौराणिक व काल्पनिक आख्यानों से लिये गये सुझाव, दृष्टान्त चित्र आदि कालिदास की काव्यकला के निमित्त प्रचुर सामग्री प्रस्तुत करते हैं, 'मेघदूत' का एक-एक पद्य अपने आप में परिपूर्ण-परिमार्जित-सुसंयत चित्र है, जिन्हें एक सूत्र में पिरोकर एक अनूठे कंठहार का रूप दे दिया है कवि ने। उन रंग-बिरंगे चमकदार पद्यरत्नों के सहारे एक मनोरम चित्र तैयार कर लिया गया है। वे केवल प्रेम तथा सम्भोग के मजे लूटते रहे, यक्षों की सृष्टि विधाता ने की ही इसीलिए। परन्तु यहाँ बेचारा यह यक्ष विरह का शिकार हो गया बुरी तरह। अभिशप्त यक्ष की मनोदशा का वर्णन करते-करते कवि की संगीतात्मक करुणा बह निकली है।

इस करुण गीति-काव्य के विषय में बहुत-सी बातें बतलाकर रित्तेर साहब पाठकों से पूछते हैं—'एस्थेटिक इन्ज्वायमेंट' (सौन्दर्यमूलक रसोपलब्धि) नाम का वह यूरोपीय रस सही माने में 'मेघदूत' की कविता का आस्वादन करा सकेगा क्या?

और स्वयं ही वे इस प्रश्न का समाधान भी करते हैं—हाँ, अवश्य करा सकेगा।

यह ठीक है कि रसों के विभाव-अनुभावादि यूरोपवालों की चेतना द्वारा दुर्ग्राह्य हैं और अन्ततः उन्हें भारतीय व्याख्या की ओर ही भागना पड़ता है एवं कालिदास के निम्नोक्त कथन की शरण लेनी पड़ती है—

रम्याणि वीक्ष्य मधुरांश्च निशम्य शब्दान्
पर्युत्सुकी भवति यत्सुखितोऽपि जन्तुः।
तच्चेतसा स्मरति नूनमबोधपूर्वं
भावस्थिराणि जननान्तरसौहृदानि॥

कहने को यों इस काव्य का नायक है यक्ष, परन्तु मैं तो मेघ को ही कवि की विलक्षण कल्पना का नायक मानता हूँ। विश्वविदित कुल में उसका जन्म हुआ। उसकी अंतरात्मा करुण एवं आर्द्र है। दान में कोई उसकी बराबरी नहीं कर सकता। वह कामरूप है, चाहे जब जैसा रूप धारण कर लेता है। वह प्रकृति-पुरुष है, असामान्य व्यक्तित्ववाला! वह ऐसी उत्तम कोटि का है कि उसके समक्ष हाथ फैलाते वक्त किसी को लज्जा या ग्लानि का अनुभव नहीं होता। सन्तप्त प्राणी उसी की शरण में आकर शान्ति प्राप्त करते हैं। इतना प्यारा है वह, इतना भला कि उससे अनुचित प्रार्थना भी की जा सकती है। और, चुपचाप मित्रों का काम कर लाता है...बिजली ठहरी मेघ की प्राणवल्लभा, अलग तो वह होगी नहीं! कवि ने बीच-बीच में तो उसके बारे में कहा ही है। अन्त में आशीर्वाद के समय भी वह मेघप्रिया को याद करता है—मा भूदेवं क्षणमपि चते विद्युता विप्रयोगः!

117 चौपदे हैं 'मेघदूत' के। उमें से केवल 14 श्लोक 'सन्देश' के हैं। बाकी समूचा काव्य यात्रा-पथ-सम्बन्धी निर्देशों से भरा पड़ा है। रामगिरि (रामटेक, जि. नागपुर, मध्यप्रदेश) से कैलाश तक पहुँचाने में काव्य का अधिकाधिक अंश चला जाता है। बत्तीस पंक्तियाँ (आठ पद्य) लेती है अलका। फिर करीब साठ पंक्तियाँ (पन्द्रह पद्य) विरहिणी यक्षप्रिया के वर्णन में आती हैं और आगे, बेचारी से क्या कहना है, यही आता है।

प्रेयसी-विरह की प्रत्यक्ष अनुभूति का यह विवरण कोरा कवि-कर्म नहीं, बल्कि कालिदास की निजी संवेदनाओं का सहज परिपाक था। यात्रा-निर्देश के प्रसंग में भी 'मेघदूत' में जितनी पंक्तियाँ आयी हैं, सभी स्वाभाविक सौरभ लिये हुए हैं। एक-एक पंक्ति से भारतीय आत्मा ध्वनित हो रही है। धरती, आकाश, नदियाँ, पहाड़, जंगल, मैदान, खेत, खेतिहर, वृक्ष-वनस्पति, उद्भिद् और घास-फूस, गाँव-नगर-उपनगर, बाग-बगीचा, नर-नारी, पशु-पक्षी, देव-देवी...क्या नहीं है 'मेघदूत' में?

मेघ रामगिरि से अलका जाने के लिए सीधी राह नहीं पकड़ता है, वह कई जगहों से होता हुआ कैलाश पहुँचता है। इस प्रकार बहुत सारे दृश्य उसके सामने आते हैं। कवि ने जान-बूझकर विस्तृत वर्णन की यह छूट ले रही है। उज्जयिनी को भला वह कैसे छोड़ता? शिप्रा की चपल लहरें भला कैसे रह जातीं? महाकाल को भला किस प्रकार भूला जा सकता था? मालवा की भूमि का कैसा मोह था कवि को!

यह ठीक है कि 'मेघदूत' में, विशेषतः पूर्वमेघ में कवि ने प्रकृति के बाह्यरूपों का चमत्कार दिखलाया है। परन्तु वह क्षण-भर के लिए भी मानवीय भावना को अपने शब्दशिल्प से पृथक नहीं होने देता। मेघ को भी तो उसने मेघमात्र नहीं रहने दिया। मेघ यक्ष का साथी है, भाई है। उम्र में छोटा ही समझिए! भाई का कुशल समाचार उसे भाभी तक पहुँचाना है। थकने पर वह पहाड़ों पर उतरकर सुस्ता लेता है, प्यास लगने पर नदियों का पानी पीता है। भारी हो उठता है, तो बरस-बरस कर हल्का हो लेता है। मानसरोवर की तरफ जानेवाले हंस उसका साथी बनते हैं और हरिण उसे राह दिखाते हैं। नदियों से मेघ का प्रेम-सम्बन्ध है, यक्ष की हिदायत है कि वह उनकी उपेक्षा न करे; ज़रा देर हो तो हो, मगर अपनी प्रेयसियों का दिल न तोड़ना! विरहजनित उनकी कृशता जैसे भी मिटे, वैसा करना!

उज्जैन में घरेलू मयूर नाच-नाचकर मेघ की अगवानी करेंगे। महलों में वह थकावट उतारेगा और तत्पश्चात् महाकाल के दर्शनार्थ निकलेगा। सायंकालिक आरती के समय उसके मंद्र-गम्भीर गर्जन नगाड़े की कमी पूरा करेंगे। अँधेरी रात में उसका विद्युत्प्रकाश अभिसारिकाओं के लिए मार्गदर्शक होगा। जिसकी गौखों में कबूतर सोए होंगे, उन अटारियों को वह अपना रैनबसेरा बनाएगा।

आगे कुरुक्षेत्र मिलेगा, फिर कनखल में गंगा दिखाई देगी। तत्पश्चात् नगाधिराज हिमालय सामने आएँगे।

हिमालय के जंगलों में आग लगी होगी, मेघ उसे अपनी बौछारों से शान्त करेगा। कालिदास का मेघ महिमा और अनुकम्पा का प्रतीक है। मुसीबत में पड़ी हुई सृष्टि का संकटमोचन करना उसका स्वभाव है।

और आगे बढ़ने पर उसे कैलाश दिखाई देगा—कर्पूरगौर भगवान शंकर के पुंजीभूत अट्टहास की तरह महाश्वेत महामहोच्च धवल गिरि!

उसी कैलाश की गोद में आबाद यक्षों की अलकापुरी, मेघ को वहीं जाना है।...

अपने देश का यह कवित्वमय भूगोल सिवा कालिदास के और कहाँ किसने पेश किया अपनी जनता के समक्ष? इतनी नदियाँ, इतने पहाड़, इतने अंचल, इतनी

विविधताएँ हम और कहाँ पाएँगे?

यों कहने को पूर्वमेघ प्रकृति की ही सुषमा के चित्रों से जगमगा रहा है, परन्तु उन चित्रों का रंगीलापन कोई सामान्य रंगीलापन नहीं, वह तो मानवमर्म की सहज संवेदनशीलता से अंतर्दीप्त है। इसी प्रकार उत्तरमेघ मनोमय होता हुआ भी नैसर्गिक इंगितों से मेदुर बन गया है।

मेघ अलका पहुँचेगा। मुक़ाबला करनेवाले महल मिलेंगे उसे वहाँ। क्या ऊँचाई, क्या तड़क-भड़क, क्या चित्रमयता, क्या आवाज़, क्या आर्द्रता...किसी भी दृष्टि से अलका के महल मेघ की बराबरी कर सकते हैं।

सदाबहार मौसम, हमेशा फूलों और फलों से लदे पड़े, कुमुदों-कमलों से सदैव जगमगाती बावड़ियाँ, महीने में तीसों रात अंजोरिया ही अंजोरिया...

आनन्द से उच्छ्वसित होने पर आँखों में पानी आ जाय तो आ जाय, वर्ना वहाँ आँसू दिखाई ही नहीं पड़ते! वेदना सिर्फ एक ही हुआ करती है : मदन वेदना। और, उसका इलाज होता है प्रियतम-प्रियतमा का परस्पर समागम। सिवाय प्यार की छेड़खानियों के अन्य प्रकार का कोई कलह नहीं। और, वहाँ धनपतियों (यक्षों) की नगरी में सारी की सारी आयु जवानी ही होती है...

मेघदूत की यह अलका भला क्या थी?
यह थी हमारे भारतीय मन की 'युटोपिया'।
शोक नहीं, आनन्द।
अश्रु नहीं, हास।
वियोग नहीं, संयोग
कलह नहीं, प्यार भरी छेड़खानियाँ।
बुढ़ापा नहीं, जवानी।
मृत्यु नहीं, जीवन।
तम नहीं, नित्यज्योत्स्ना।

—विश्वकल्याण की कामना में व्यग्र आज का हमारा मानवसमुदाय, स्थायी शान्ति और सर्वमंगला सृष्टि के लिए अधीर आज का हमारा सचेत सुधीवर्ग क्या यही-कुछ नहीं चाहता? और, कालिदास का मेघसंदेश यदि यही-कुछ है तो वह कभी फीक़ा नहीं पड़ेगा। वह सदैव इसी प्रकार स्फूर्तिप्रद और चेतनामय बना रहेगा।

हमारी कामना अभी अपूर्ण ही है। शोक, अश्रु, वियोग, कलह, वार्धक्य, मृत्यु ...किसी पर अब तक हम क़ाबू नहीं पा सके हैं, प्रभुओं के अभिशाप निस्तेज अवश्य हो गये हैं पर मिट नहीं गये हैं पूरी तरह। फिर भी मेघ को हमने जो

आशीष दी थी, उसका हमें गर्व है। मेघ से बिजली का ही क्यों, किसी भी प्रीतम से किसी भी प्यारी का बिछोह हमें बर्दाश्त नहीं। हमारी अंतरात्मा आर्द्र है, अतः करुणामय है।

यक्ष की पत्नी सामान्य नारी नहीं है, वह मेघ की भाभी है। मेघ यक्ष का भी कल्याणमित्र है और यक्षिणी का भी। वे दोनों अभिशप्त ठहरे। दोनों तरफ बिछोह है, आँसू है, बेचैनी है। बैरी विधाता ने दोनों का मिलनमार्ग रुद्ध कर रखा है। बीच में हजारों कोस का फासला है...सन्देश पहुँचाने का भी साधन नहीं है।

ऐसी स्थिति में प्रियतम का कुशल-क्षेम यदि कोई मित्र आकर बतलाए तो उस खुशनसीबी के क्या कहने!

कान्तोदन्तः सुहृदुपनतः संगमात् किंचिदूनः

साक्षात्समागम की अपेक्षा तनिक ही कम महत्त्व होगा उस घटना का! प्रेमी का सन्देश और सो भी एक अंतरंग बन्धु के द्वारा अधिगत!! बन्धु भी कोई सामान्य बन्धु नहीं, संतप्तों का सहारा...आर्द्र अंतःकरणवाला...सहज करुणाकर!

मेघ के प्रति यह आस्था यक्ष के अन्दर जो हम पाते हैं, सो कालिदास की कोई सर्वथा अभिनव उद्‌भावना नहीं माना जा सकता इसे। भारतीय लोकमानस के लेखे मेघ सखा भी है, साथी भी; वह हमारा भाई भी है, दादा भी। वह हमारा राजा भी है। साथ ही उसे हम अपना 'लंगोटिया यार' भी मानते आये हैं। हम उसके प्रति इस कदर ढीठ हैं कि डाँट-फटकार साधारण-सी बात हो जाती है! स्वजन या दिलवर नज़दीक न हुआ तो फिर भारी-भारी ऊदे-ऊदे काले बादलों से हमारे खयाल बोझिल हो उठते हैं। हमारा जनकवि चीख पड़ता है—

1. आ गये काले बादल
घने-गुथे मेघों से छा गया आकाश
बरस रहा है आसाढ़
मगर, यहाँ तो बालम ही नहीं
वह किसी दूसरे देश में है!

2. बादलों से छिटक-छिटक
कौंध रहीं बिजलियाँ
बरस-बरस कर लग जाना चाहता है
ढेर-ढेर सा पानी
एक-गुना अँधेरा हो गया लाख-गुना

उत्तर-दक्षिण का आभास तक मिट गया...

3. क्यों खड़ी है गोरी, मन मारकर?
ठिठक गयी है क्यों री, बीच आँगन में?
धरती का है लहँगा
बादल की चोली
चाँदनी के बटन
कसे हैं दोनों स्तन
खड़ी है मनमारे क्यों री, आँगन में?

4. नहीं रे ओ! भाई मेरे, तू नहीं आया रे!
कहाँ जाऊँ, करूँ क्या, बहलाऊँ कैसे दिल को?
अन्तर में दिन-रात
बस तेरी ही बात
जलाता है लगातार भादों का महीना
ओ मेरे बन्धु, फिर भी तू नहीं आया!!

5. काँ-काँ कूँ-कूँ कर रहा है मोर
गरजता है बादल
जगमगा रहे हैं जुही के फूल...
सावन का यह महीना!
हाय रे बटोही,
जिएगी नहीं तेरी प्यारी
अगर तू घर नहीं लौटा...

खंड-खंड रूप में भटकनेवाले मेघ पीछे महामेघ का विग्रह धारण करते हैं, इसी प्रकार लोकमानस में समय-समय पर उठनेवाले खंड-खंड भाव जब किसी मेधावी द्वारा एकत्र गुम्फित होने का अवसर पाते हैं तो उदात्त भाव-भूमि का निर्माण हो जाता है। भावों का गुम्फन व्यक्ति का आकस्मिक चमत्कार नहीं हुआ करता। जिस तरह वस्तुसृष्टि अमोघ नियमों से आबद्ध है, उसी तरह हमारी भावों की सर्जना भी विकास के निश्चित क्रमों की अनुवर्तिनी है। स्वाभाविकता का जो तारतम्य भौतिक जगत् के अणु-परमाणु में परिलक्षित होता है, आवेगमय मनोजगत्

में भी ठीक वही क्रम काम करता है। मेघ-संदेश यहाँ एक ही व्यक्ति की अनुभूतियों का फल नहीं है, वह तो समग्र लोकमानस की मेघविषयिणी कल्पनाओं का मार्मिक परिणाम है। कालिदास जैसा अखूट शब्दशक्ति का अधिस्वामी एवं चमत्कारी अभिव्यंजना का जादूगर ही वैसी अरूप मानस सामग्री को रूपायित करके उसे सर्व-साधारण के समक्ष इस प्रकार रख सकता था।

पंचतंत्र, जातक कथामाला, कथा-सरितसागर, ईसप की कहानियाँ, आर्थर के आख्यान...इनका संकलन भले ही व्यक्तियों ने किया हो, परन्तु है यह जन-मन की समग्र अनुभूतियों की ही रूपायित राशि। मधुच्छत्र देखकर इतना तो हम अन्दाज लगा लेते हैं कि नाना दिग्देशों से समय-समय पर स्वल्प या अधिक मात्रा में शहद की मक्खियाँ मकरंद और पराग के कण लाती रही हैं—आदान और आहरण का यह क्रम महीनों चला है; और तब जाकर यह मधुकोष तैयार हो पाया है!...काव्यनिर्माण में भी कवि-मन को ठीक इसी प्रकार की मधुकरी वृत्ति अपनानी पड़ती है।

जो काव्य जितना ही अधिक लोकप्रिय होगा, बहुजन की उतनी ही अधिक अनुभव सामग्री उसका आधार होगी। घोंघा-मात्र तक परिसीमित भावभूमि यदि आपको और हमको न छू पावे तो यह केवल उन्हीं के लिए परिताप का विषय होगा जो शैली-सर्वस्व शुद्ध घोंघाबसंत होंगे।

कालिदास को माननीय हृदय की भारी पहचान थी। इसी से उनके साहित्य में हम तत्कालीन मध्यम एवं उत्तम वर्ग के समग्र लोकमानस की ये झाँकियाँ पाते हैं। इसी से 'मेघदूत' आज भी हमें इतना अच्छा लगता है। इसी से विरह के दिनों की "घनीभूत भावाकुलता"[1] का यह चित्र हृदय वालों के लिए इतना प्रिय हो उठा।

कालिदास ने मेघ को ही सन्देश का वाहन क्यों बनाया? बसंत के समीर को वह इस काम के लिए चुन सकते थे। दक्षिण से आनेवाले मंदानिल को उत्तर की तरफ भेजना कितना स्वाभाविक होता!...मगर नहीं, कवि को आषाढ़ी बादल ही पसन्द आया, क्योंकि उसमें समस्त सृष्टि को संतापमुक्त करने की क्षमता थी। दूत से केवल संवादप्रेषण का ही कार्य लेना होता तो एक बात भी थी, परन्तु यहाँ तो अनेकानेक उत्तरदायित्व उस पर डालने थे! ग्रीष्मदग्ध पृथ्वी का हृदय शीतल करवाना था, खेत सिंचवाने थे, हंसों को मानसरोवर तक लिवा जाना था, जंगली पहाड़ी नदियों का दुबलापन मिटवाना था, उज्जयिनी में अभिसारिकाओं को मदद दिलवानी थी, कदंबों में फूल उगवाने थे, देवदार के जंगलों की आग ठंडी करवानी

1. 'कलेक्टिव इमोशन' (काडवेल)।

थी...बहुत सारे काम करवाने थे इस लाड़ले दूत से!

विरही की बातें विरहिणी तक कोई भी ले जा सकता था—पवन, हंस, चकोर, भ्रमर, या अन्य कोई भी रामगिरि से अलका तक जा सकता था। परंच हमारे कवि को वर्षाकालिक नवजलधर ही इस कार्य के लिए सर्वाधिक उपयुक्त जँचा! ऐसा भला क्यों हुआ?

आषाढ़ का मेदुर मेघ जब किसी तरफ प्रयाण करेगा तो वह यों ही नहीं देश-काल की दूरी काटता चलेगा। वह औढरदानी ठहरा। स्नेह-सुधावृष्टियों से सप्राण करता चलेगा वह परितप्त संसार को; सरिताओं के सूखे पाट उससे कैसे देखे जाएँगे? भ्रू-विलासों से अपरिचित किन्तु प्रीतिस्निग्ध आँखों के प्रति विश्वासघातकता की तो वह कल्पना तक नहीं कर सकेगा—दौत्यमात्र ही इतिकर्तव्यता की उसकी कोटि में नहीं रहेगा। निखिल विश्व के कल्याणसाधन का अपना महाव्रत भी वह साथ-साथ निभाता ही चलेगा। अतिरेक लाभ की यह सुदुर्लभ उपलब्धि अपने बन्धुओं को भला और कौन करा पाएगा? विरहदग्ध बान्धवी अपने प्रवासी पति के कुशलक्षेम तो पाएगी ही, ग्रीष्मदग्ध भूतल भी पावस का प्रथमोपहार पाएगा। लाभ का अपना-अपना लभ्यांश सभी को मिलेगा! सृष्टि के प्रति सामान्य मांगलिकता भी अक्षुण्ण रहेगी और संवाद-परिवहन का एक विशेष लक्ष्य भी पूरा हो लेगा!

इस प्रकार हम आसानी से समझ सकते हैं कि पावस के प्रथम मेघ को विरही यक्ष के संवादों का वाहन बनाकर कालिदास के कविमानस को कैसा अपूर्व परितोष प्राप्त हुआ होगा।

मेघदूत को छोड़कर वर्षा-ऋतु का कवित्वमय गुम्फन अन्यत्र कहीं नहीं है, किसी भाषा में नहीं और किसी देश में नहीं! कालिदास की प्रतिभा ने पावस की वेदनाओं को शाश्वत भाषा में समोकर मन्दाक्रान्ता की चौपदियों में ढाल लिया।

इस काव्य को मैं मेघ की वर्षगाँठ का महिम्नस्तोत्र ही मानता हूँ।

यक्ष की बेचैनी से कालिदास अति व्यथित थे, तथापि दूत के मार्ग को उन्होंने संक्षिप्त नहीं किया। बल्कि काफी लम्बा कर दिया फासले को कवि ने! खेतों, बागों, बनों, प्रान्तरों और नदियों-पहाड़ों पर बिलमा-बिलमाकर मेघ को आगे बढ़ने दिया गया है। यात्रा की गति असल और मंद रही है। आगे बढ़कर फिर पीछे मुड़ना, सहज पथ छोड़कर दूर-दूर के शहरों का चक्कर लगाना, जिधर से ही किसी ने इशारा दिया, उधर को ही हो लेना...'ना' करना तो मानो मेघ भाई ने कभी सीखा ही नहीं! दिग्-दिगंत की और देश-देशातंर की निसर्ग-रमणीयता से हम इस तरह अभिभूत हो उठते हैं कि आवेग शान्त हो जाता है। फिर एक अजीब शिथिलता

मन को अपने काबू में कर लेती है। जहाँ चाहता है मेघ ठिठक जाता है। हम भी ठगे-ठगे से वहीं ठमक जाते हैं। आगे बढ़ने का कोई उपाय नहीं! किसकी मजाल कि इस मौजी दूत की मस्तानी रफ्तार में तनिक भी हेर-फेर कर दे!

रवीन्द्र ने एक स्थान पर लिखा है—

अज्ञात निखिल के साथ अभिनव परिचय, यही है पूर्व मेघ। इसकी एक विशेषता और है। यह हमारे चारों तरफ निभृत परिवेष्टन की रचना करके 'जननांतर सौहृदानि' की याद दिला देता है, अपूर्व सौन्दर्य-लोक के बीच किसी एक चिर-परिचित प्रियतम के लिए मन को उतावला बना देता है।

पूर्व मेघ में विचित्र-विलक्षण के साथ सौन्दर्य का परिचय है। और, उत्तरमेघ में उसी एक के साथ आनन्द का सम्मिलन है। इस भूतल पर विपुल के बीच से उस सुख की यात्रा है और स्वर्ग में एक के बीच से उस अभिसार का परिणाम है।

"नववर्षा के दिन कर्ममुखर संसार में यहाँ रहना किसे नहीं निर्वासन प्रतीत होगा? आषाढ़ी बादल हमें बाहर निकलने को बुलाता है—यही रहा पूर्व-मेघ का प्रयाण। और, यात्रा के अन्त में चिर-मिलन के निमित्त हम साफ आश्वासन पाते हैं; यही है उत्तर-मेघ का सन्देश।"[1]

ऐसे भी अनेक विद्वान् हुए हैं जिनकी राय में कालिदास का यह काव्य अधूरा है। आचार्य भामह ने 'काव्यालंकार' में मेघदूत को वाचाशक्तिहीन (गूँगा) बताकर अपनी झल्लाहट जाहिर की है, परन्तु अगले ही क्षण वह सँभल गये। कोई उपाय नहीं था, कालिदास के साथ उन्हें रियायत करनी पड़ी : यह कहकर आचार्य ने आत्मसंतोष की साँस ली—

"यदि चोत्कण्ठया यत्तदुन्मत्त इव भाषते।
तथा भवतु भूम्नेदं सुमेधोभिः प्रयुज्यते॥"[2]

(यदि यक्ष बेचैनी के मारे पागल की तरह बकता है तो बका करे! छोड़ दो उसे...मेधावी लोग बहुधा अपनी रचनाओं में इस प्रकार का प्रयोग करते हैं।)

वस्तुतः आदि से अन्त तक मेघ मौन ही रहा, यक्ष उसे अपनी बातें कहता गया—कहता गया और कहता ही गया।

—आचार्य भामह को तो यह अनुचित एवं अनर्गल (अयुक्तिमत्) लगा, वरंच मम्मट की दृष्टि से इस प्रकार के कविकर्म लोकोत्तर माने गये। उन्होंने कविता को 'प्रकृति के नियमों से परे' (नियतिकृत नियमरहिता) बतलाया है। यह आवश्यक

---

1. विचित्र प्रबन्ध
2. काव्यालंकार-1/14

नहीं है कि सभी आलंकारिक समान रूप से कवि की आत्मा को समझ पाएँ।

यह सत्य है कि प्रस्तुत दूत आदि से अन्त तक मूक बना रहता है और 'प्रकृति के नियमों से परे' वाली अपनी भूमिका का निर्वाह भली-भाँति करता है, तथापि मेघ-सन्देश की काव्यात्मा यहाँ नैसर्गिक चमत्कारों से सर्वथा ओत-प्रोत है। इसी अद्‌भुत कौशल के कारण कालिदास की यह रचना हजारों वर्ष बाद भी आज ताज़ा की ताज़ा है और आगे भी ताज़ा रहेगी।

अपने इस दूत के विषय में यक्ष कितना अधिक आस्थावान् है!

उसने कहा–

"ओ मेघ, तुम चुप हो तो क्या हुआ!
गुमसुम रहने पर भी तो तुम्हीं हो कि
प्रार्थी चातकों को पानी दिया करते हो!
मैंने इतना-कुछ कहा
और तुमने ध्यानपूर्वक सुन भी लिया
मगर जवाब में एक भी शब्द कहाँ निकला है
तुम्हारे मुँह से?
मैं तो इस मौन को स्वीकार ही समझता हूँ..."

विश्वास की यह परिपूर्णता ही मेघ-सन्देश की इतिश्री बन गयी। अनास्था तो थी नहीं कि प्रतिशब्द आवश्यक होता! शेष कृत्य रह गया था आशीर्वचन। सो, खुले दिल से बेचारे ने आखिर कहा ही कि–

"इष्टान्देशांजलद विचर सम्भृतश्री
र्मा भूदेवं क्षणमपि च ते विद्युता विप्रयोगः।"

बदले में मेघ से कुछ नहीं कहलवाया, तो मेरी राय में कालिदास ने यह खूब किया! मौनमूक आषाढ़ी बादल मेघदूत की पंक्ति-पंक्ति पर सवार है, उसकी मन्दाक्रान्ता का एक-एक चरण लोक-मानस में थिरक रहा है।

फिर भी कुछ-एक सहृदयजन तड़पते रहे कि बेचारे यक्ष का अन्ततः क्या हुआ और अलका से मेघ वापस आया कि नहीं!

तरौनी (मिथिला) निवासी महामहोपाध्याय परमेश्वर झा ने 'यक्ष समागमकाव्यम्' तैयार किया था। कई कारणों से इस जवाबी मेघदूत का प्रचार-प्रसार नहीं हो सका। और भी एक-आध विद्वानों ने इस प्रकार की चेष्टा की होगी, किन्तु मुझे उसका पता नहीं है। बीच-बीच में विद्वानों का यह अभिमत सुनता रहा हूँ कि 'मेघदूत' एक अधूरी रचना है। कालिदास ने अपने इस काव्य का वियोगांत क्यों

छोड़ दिया? दूत को भेजा और वह लौटकर नहीं आया, आखिर कब तक हिमालय के पठारों में भटकता रहा होगा।

कालिदास होते तो इन प्रश्नों ने जवाब में वह ज़रूर ही मुस्करा पड़ते! ऐसा अशोभन भाव-दारिद्र्य उस महाकवि के लिए कल्पना से परे की बात होती!

बता ही चुका हूँ, 'मेघदूत' भारत की काव्य-परम्परा में सर्वथा अपूर्व प्रयोग था। काव्य-नायकों के दूत अब तक सचेतन हुआ करते थे और नायिकाओं के पास पहुँच-पहुँचकर लौट भी आते थे। परन्तु कालिदास ने अपने काव्यनायक के लिए एक अद्‌भुत दूत चुना। इस अजीब हरकारे को जाना था, लौटने की जिम्मेवारी से उसे मुक्ति मिली हुई थी। अचेतन होने पर भी वह निखिल सृष्टि का बन्धु था। अविश्वास या अनास्था की तो उसके प्रति कहीं गुंजायश ही नहीं थी।

भारतीय कवि का यह दूत एक असामान्य दूत था। अलका पहुँचकर विरहिणी यक्षप्रिया से अवश्य ही वह मिला होगा; और चार महीने बाद शापमुक्त यक्ष भी अवश्य ही घर पहुँचा होगा।

कौन कहता है कि मेघदूत नहीं लौटा! वह अपनी ड्यूटी पूरा करके लौटा, तत्पश्चात् भारत के घर-घर में और भारतीयों के हृदय-हृदय में समा गया!!

कालिदास : व्यक्ति और कृतित्व

यदि एक ही व्यक्ति का नाम भारतीयता के प्रतीक के रूप में लेने को कहा जाय तो मैं कालिदास का ही नाम लूँगा। इस प्रसंग में एक प्राचीन श्लोक अपने यहाँ सुधी-समाज का कंठहार बना हुआ है :

पुरा कवीनां गणनाप्रसंगे
कनिष्ठिकाऽधिष्ठितकालिदासा।
अद्यापि तत्तुल्यकवेरभावात्–
अनामिका सार्थवती बभूव॥

इसमें बड़ी चतुराई से कालिदास की अद्वितीयता सिद्ध की गयी है। एक को सर्वाधिक प्रशंसनीय कह देने से अन्यान्य कवियों की हीनता न मान ली जाय। बाहरी प्रकृति और भीतरी प्रकृति–भारत की समूची प्रकृति जिसकी शब्द-शक्ति का सहारा पाकर रूपायित हो उठी, उसका नाम सिवाय कालिदास के, और भला हो ही क्या सकता है।

हमारे प्राचीन साहित्याचार्य कवियों की खूबियों का जब कीर्तन करने लगे तो उल्लसित होकर कहा–"उपमा कालिदासस्य..." उसकी सौन्दर्यानुभूति, पर्यवेक्षण

की क्षमता, स्थावर और जंगम सृष्टियों के प्रति उसकी जागरूकता, लोकमानस की अद्भुत अभिज्ञता, साधारण एवं स्थूल रूपों में असाधारण व सूक्ष्म तत्वों की इंगिति आदि की तरफ उन्होंने ध्यान नहीं दिया। इतना ही कि कालिदास की उपमाएँ उन्हें अच्छी लगीं और वे झूम उठे! महान गद्यकार बाणभट्ट ने कहा–

निर्गतासु न वा कस्य कालिदासस्य सूक्तिषु।
प्रीतिर्मधुरसान्द्रासु मंजरीष्विव जायते ॥[1]

और आचार्य गोवर्धन की राय थी;

साकूतमधुरकोमलविलासिनी कंठकूजितप्राये।
शिक्षासमयेऽपि मुदे रतलीला कालिदासोक्तिः ॥[2]

और किसी ने कहा–"कालिदास की कविता हो, नयी उम्र हो, भैंस के दूध का दही हो और..."

इस प्रकार हम कालिदास के प्रसंग में काफी चर्चा पाते हैं। कवि के सम्बन्ध में अनेकानेक अनुश्रुतियाँ यत्र-तत्र सुनी जाती हैं। भारत एवं बाहर की आधुनिक भाषाओं में कालिदास की रचनाएँ, तद्विषयक आलोचनाएँ निकलती ही रहती हैं। अंग्रेज शेक्सपीयर की तरह भारतीय कालिदास को भी संसार-भर की शिक्षित जनता ने विश्वकवि के रूप में स्वीकार कर लिया है।

कालिदास का समय क्या था?

वह कहाँ के रहने वाले थे?

–समय के बारे में अधिकांश विद्वानों की राय स्थिर-सी हो चुकी है। भारत का कौन-सा प्रदेश उनकी जन्मभूमि रहा होगा, यह बताना मुश्किल है। मालवा, कश्मीर, मिथिला, महाराष्ट्र आदि के निवासियों की यह चेष्टा रही है कि कालिदास को अपनी-अपनी भूमि का प्रमाणित करें। वरंच इस कार्य में अभी तक किसी प्रदेश के निवासियों को सफलता नहीं मिली है। क्या हानि है, हम कालिदास को केवल 'भारतीय' ही क्यों न रहने दें?

समय उनका ईस्वी वर्ष गणना का चतुर्थ शतक था। वह विक्रमादित्य, चन्द्रगुप्त (द्वितीय) के राजकवि थे–इस तथ्य के पक्ष में काफी प्रमाण मिलते हैं। कुछ लोग उन्हें ईसा-पूर्व प्रथम शताब्दी का प्रमाणित करना चाहते हैं। मालव-गणों के महामुख्य 'प्रथम विक्रमादित्य' के ही दरबार में कालिदास आदि नवरत्न थे, ऐसी राय वालों की दृष्टि में महाकवि अश्वघोष कालिदास के बाद हुए थे।

1. हर्षचरित।
2. आर्या सप्तशती।

परन्तु विकास-क्रम बतलाता है कि अश्वघोष पहले हुए, कालिदास बाद को। अश्वघोष ने अपने काव्य में जिन दृश्यों को छू-छूकर छोड़ दिया है, उनका चित्रण कालिदास ने क्या ही पूर्णता के साथ किया है। उदाहरणार्थ दोनों कवियों के एक-एक श्लोक को मिलाकर देख लीजिए—

ततः कुमारः खलु गच्छतीति
श्रुत्वा स्त्रियः प्रेष्यजनात्प्रवृत्तिम्।
दिदृक्षया हर्म्यतलानि जग्मु—
र्जनेन मान्येन कृताभ्यनुज्ञः॥—बुद्धचरित, 3/11

ततस्तदालोकनतत्पराणां
सौधेषु चामीकरजालवत्सु।
बभूवुतिरत्थं पुरसुन्दरीणां
त्यक्तान्यकार्याणि विचेष्टितानि॥—रघुवंश, 7/5

वस्तुविन्यास की अवश्वघोष की अपूर्णता कालिदास में आकर पूर्णता प्राप्त करती है, यह मानना पड़ेगा।

कालिदास ने प्रकृति को क्षण-भर के लिए भी अपनी आँखों से ओझल नहीं होने दिया है। धरती, आकाश, पहाड़, समुद्र, नदियाँ, झील, मैदान, फसलों से लहलहाते खेत, घने-पतले जंगल, बड़े-छोटे वनस्पति, छल-छल, कल-कल बहती हुई छोटी नहरें, छलाँग लगाते हुए हरिण, तालाबों में देह डुबोए हुए भैंसे, उथली तलइयों में पानी के अन्दर से मोथी का जड़ चिंचोड़ते जंगली सुअर, बरसात को रात में टरटराते हुए मेढक, जगमगाते तारे...क्या नहीं देखा है हमारे महाकवि ने?

कल्पना को प्रकृति से अभिन्न रखने का आग्रह भारतीय कवि-परम्पना में सदा से रहा है। वाल्मीकि, अश्वघोष, कालिदास, प्रवरसेन, दंडी, बाण, माघ, श्रीहर्ष, विद्यापति, चंडीदास, तुलसीदास, रवीन्द्र, प्रसाद, पंत, निराला—सबका सम्पर्क रहा है प्रकृति से, किसी का अधिक तो किसी का कम। परन्तु कालिदास की बराबरी करनेवाला दूसरा प्रकृति-पुत्र हमारी इस भूमि में फिर पैदा नहीं हुआ, यह सभी स्वीकार करते हैं।

शैली और प्रयोग—दोनों ही दृष्टियों से कालिदास बेजोड़ हैं, विशेषतः नैसर्गिक चित्रों के क्षेत्र में। कहीं भी इनकी कल्पना ने सौन्दर्य-विधान और प्रासादिकता का साथ नहीं छोड़ा।

कालिदास की प्रतिभा का स्पर्श पाकर जड़ प्रकृति भी सजीव हो उठती है। तरुण तरु भाई और लताएँ बहनें बनकर हमारे समक्ष आती हैं। शकुंतला के लिए

जितनी व्यग्रता कुलपति कण्व के हृदय में है, उतनी ही आश्रम के वनस्पतियों में भी। आश्रम के मनुष्यों में और अचेतन पशुओं-पक्षियों में तथा उद्भिदों में कोई पार्थक्य नज़र नहीं आता। शकुंतला तो साक्षात् निसर्ग-कन्या-सी प्रतीत होती है। पतिगृह भेजते समय महर्षि तभी तो उसके लिए वृक्षों से अनुमति माँगते हैं—

पातुं न प्रथमं व्यवस्यति जलं युष्मास्वपीतेषु या
नादत्ते प्रियमंडनाऽपि भवतां स्नेहेन या पल्लवम्।
आद्ये वः कुसुमप्रसूतिसमये यस्या भवत्युत्सवः
सेयं याति शकुंतला पतिगृहं सर्वैश्नुज्ञायताम्॥

और वनस्पतियों में से भेंट में किसी ने क्षौम (दुशाला) दिया, किसी ने महावर। दूसरों ने अलक्षित वनदेवी के लक्षित कर-कमलों द्वारा गहने दिए!

अन्त में इन बुजुर्ग और प्यारे वनस्पतियों ने शकुंतला को ससुराल जाने की अनुमति दी—खुद तो वे बोल नहीं सकते थे, कोयल की कूक द्वारा उन्होंने अपना आशय जतलाया!

अनुमतगमना शकुन्तला
तरुभिरियं वनवासबंधुभिः।
परभृतविरुतं कलं यथा
प्रतिवचनीकृतमेभिरीदृशम्॥

आंचलिक विशेषताओं का सन्निवेश जिस हद तक हम कालिदास की रचनाओं में पाते हैं, उतना अन्यत्र नहीं। समग्र भारत के भूखंड, पर्वत, नद और नदियाँ, मैदान और खेत, जंगल और मरु-कांतर, सागर-महासागर—कालिदास में सिमट आये हैं। इलायची की लताओं से आलिंगित चंदनतरु; गुफाओं में लेटे हुए, कोलाहल से आशंकित सिंह; बँधे हुए हाथियों के कारण झुकी डालोंवाले अखरोट के पेड़; मलयाचल की तलहटी में काली मिर्च की झाड़ियाँ और उनमें इधर-उधर उड़नेवाले हरे-हरे तोते; सिन्धु-नद के किनारे रेती पर लोट-पलोटकर अपनी थकावट मिटानेवाले घोड़े; तरंगाधरचुम्बी नदीपति समुद्र; फलों के बोझ से झुके खड़े सुपारी के पेड़; ताज़ा मक्खन लेकर स्वागतार्थ उपस्थित गँवई बूढ़े; ईखों की छाँह में बैठकर धान के खेत अगोरनेवाली औरतें; अंगूर की बेलों से घिरी भूमि में बैठकर मदिरा पीने वाले सैनिक; लाल-लाल चित्तियोंवाले भोजपत्र; गंगा के झरनों की फुहारें उड़ाए लिये जाने वाली हिमाचली बयार...इस प्रकार के सौ-सौ चित्र कालिदास को छोड़कर ओर हम कहाँ पाएँगे?

उदात्तता एवं कल्पना-वैभव की दृष्टि से कालिदास बेजोड़ हैं। हिमालय का जो

रूप कवि ने हमें दिखलाया, वह अद्भुत है। यथार्थ और कल्पना का ऐसा अपूर्व समन्वय अन्यत्र दुर्लभ है। कुमारसम्भव का आरम्भ ही हिमालय की चर्चा से हुआ है। शूरू के 17 श्लोक हिमालय के विषय में हैं। कैसी विराट भूमिका बाँधी है कवि ने!

अस्त्युत्तरस्यां दिशि देवतात्मा
हिमालयो नाम नगाराधिराजः।
पूर्वापरौ तोयनिधी वगाह्य
स्थितः पृथिव्या इव मानदंडः ॥

यह कोई मामूली स्तुति नहीं थी, भारतीय कवि के द्वारा अपने महान् हिमालय के राष्ट्रीय वैशिष्ट्य की प्रथम घोषणा थी यह! पूर्व-पश्चिम सागरों में भीतर तक जिसके दोनों छोर चले गये हैं, धरती को नापने का वैसा डंडा हो मानो अपना यह हिमालय!! ऐसी महीयसी कल्पना सिवाय कालिदास के और कौन कर सकता था?

चार काव्य और तीन नाटक—कालिदास की सात कृतियाँ विख्यात हैं। ऋतुसंहार, कुमारसम्भव, मेघदूत और रघुवंश—ये चारों काव्य हैं। मालविकाग्निमित्र, विक्रमोर्वशीय और अभिज्ञान शाकुंतल—तीन ये नाटक हैं। यों और भी कई ग्रन्थ कालिदास के नाम पर प्रचलित हैं परन्तु भाव-विन्यास और रचना-शैली की एकतात्मता से, परम्परा के प्रमाणों से यह निश्चित हो चुका है कि कविकुल-गुरु कालिदास के उक्त सात ही ग्रन्थ हैं।

'ऋतुसंहार' ग्रीष्म आदि छह ऋतुओं के वर्णन का संकलन है। इसमें कथावस्तु जैसी कोई बात नहीं। कवि ने इसमें स्थान-स्थान पर 'प्रिये' का सम्बोधन अवश्य डाला है। चर-अचर प्रकृति की व्यापक जानकारी ऋतुदर्शन की इन कड़ियों में बड़ी खूबी से गुम्फित है।

जुगाली करते-करते
लिभड़ गया है थूथन फेनिल लार से;
प्यास के मारे निकाले लाल-लाल जीभ
पानी की खोज में निकल पड़ी हैं उन्मुख भैंसें
—पहाड़ की खोह से (ग्रीष्म 21)

प्रचंड है सूर्य, तीक्ष्णतम किरणें
उछल आया है बाहर
तापतप्त मेढक गँदली तलैया से
बैठा है प्यासे साँप के फन की छतरी के नीचे! (ग्रीष्म 18)

साँप की सी टेढ़ी-मेढ़ी चाल में
जा रहा है बहा नीचे की ओर
मटमैला बरसाती पानी
बहाए लिये जा रहा कीट, रज, तिनके
ताक रहे उस ओर आतंकित मेढक! (वर्षा 13)

'ऋतुसंहार' में युवक-सुलभ श्रृंगारी भावोच्छ्वासों का अतिरेक बतलाता है कि इसकी रचना के समय कवि पर रंगीला वयोधर्म हावी था।

'कुमारसम्भव' में भी कहीं-कहीं कवि बहके हैं। परन्तु कुल मिलाकर इस काव्य से हमें उद्दीपक-उत्तेजक विकारी मनोभावों पर सात्विक साधना की विजय का ही ज्वलन्त सन्देश मिलता है। हिमालय, गौरी, शिव, कामदेव, रति, वसंत आदि को आधार बनाकर इस काव्य की कथा गुम्फित की गयी है। विकारी वातावरण की सर्जना, शंकर का क्रोध, कामदेव का भस्म होना, रति का विलाप... पार्वती ने अच्छी तरह देख लिया कि बाह्य सौन्दर्य के बल पर वह महादेव को आकृष्ट नहीं कर सकी। अब उसने घोर तपस्या आरम्भ की, माता या पिता कोई भी उसे इस कठिन पथ से नहीं डिगा सके। अंततः शिवजी का ध्यान पार्वती की ओर आकृष्ट हुआ, उसकी कृच्छ साधना ने उन्हें अपना बना लिया। फिर दोनों का विवाह हुआ और आगे चलकर कुमार (कार्तिकेय) का जन्म।...

'कुमारसम्भव' के शुरू वाले आठ सर्ग मात्र कालिदास-रचित हैं, बाकी का अंश अन्य कवि की रचना है।

'मेघदूत' के बारे में विस्तारपूर्वक लिखा गया है।

'रघुवंश' में दिलीप से लेकर अग्निवर्ण (अट्ठाईस पुश्त) तक की बात आयी है। कालिदास की रचना के सभी गुण इस काव्य में मौजूद हैं। छोटे-छोटे उन्नीस सर्गों में 'रघुवंश' का कलेवर विभक्त है। क्या साधारण क्या असाधारण—सभी प्रकार के चित्र इसमें मिलते हैं। मुनिसमाज से भरे हुए तपोवन स्वच्छ-शान्त ग्रामों की तरह दिखाई पड़ते हैं। कवि ने राजाओं, रानियों और राजधानियों तक ही यहाँ अपनी प्रतिभा सीमित नहीं रखी है। कल्पना और वास्तविकता के चमत्कार स्थान-स्थान पर लक्षित होते हैं। नैसर्गिक छटाओं के मनोरम शब्दचित्र दस नहीं, बीस नहीं, सैकड़ों की संख्या में यहाँ यत्र-तत्र जगमगा रहे हैं। अस्ताभिमुख लटकते सूर्य की समतल आभा तालाब के पानी पर पड़ रही है, लगता है, सोने का पुल बना हो!

पश्य पश्चिम दिगंतलम्बिना

निर्मितं मितकथे विवस्वता।
लब्धया प्रतिमया सरोम्भसां
तापनीयमिव सेतुबंधनम्॥ (रघुवंश-7)

वर और वधू प्रज्वलित अग्नि के फेरे लगा रहे हैं, इस दृश्य ने कालिदास का ध्यान कनकाद्रि (मेरु) की तलहटियों में चक्कर लगानेवाले दिवस एवं रात्रि की जोड़ी की तरफ खींचा–

प्रदक्षिणप्रकमणात् कृशानो-
रुदर्चिषस्तन्मिथुनं चकाशे।
मेरोरुपांतेष्विव वर्त्तमान-
मन्योन्यसंसक्तमहस्त्रियामम्॥ (रघुवंश-7)

कल्पना की यह विशालता अन्यत्र दुर्लभ है।

महाकवि मिल्टन का अंदाज था कि चन्द्र स्वयं प्रकाशमान नहीं है और अमावस्या को वह पहाड़ की खोह में जा छिपता है। 'साम्सन् एगोनिस्ट्स' (नाटक) के आरम्भ में व्यक्तिगत करुणोक्ति की उनकी कड़ियाँ देखिए–

The sun to me is dark
And silent as the moon
When she deserts the night,
Hide in her vacant interlunar cave.

चन्द्र-अदर्शन के विषय में इस प्रकार की कल्पना यहूदियों की थी। चतुर्दशी, अमावस्या और प्रतिपदा (तीन अहोरात्र) सूर्य के निकट बिताकर शुक्ल पक्ष की द्वितीया को चन्द्रमा फिर निकल आता है–कालिदास ने बड़ी चतुराई से इस तथ्य का उपयोग एक उपमा में कर लिया है–

तिस्रस्त्रिलोक प्रथितेन सार्ध–
मजेन मार्गे वसतीरुषित्वा।
तस्मादपावर्तत कुण्डिनेशः
पर्वात्यये सोम इवोष्णरश्मेः॥ (रघुवंश-7)

प्रकृति की छोटी-बड़ी वस्तुओं के अतिरिक्त दर्शन, व्याकरण आदि के नियमों तक को कालिदास अपने उपमान बना लेते थे और यह कौशल उनकी अभिव्यक्तियों में अपूर्व चमत्कार भर गया है।

शकुंतला में कवि का प्रकृति-प्रेम पराकाष्ठा पर पहुँच गया है।

शकुंतला अप्सरा (मेनका) की औरस पुत्री थी। पैदा हुई ही थी कि माँ उसे

छोड़कर देवलोक चली गयी। तब उसे पक्षियों ने पाला-पोसा और इसी कारण वह 'शकुंतला' (शकुन्त-ला; पक्षि-पोषिता) कहलाई। पीछे महर्षि कण्व ने उसको अपना लिया। आश्रम-निवासियों की परिचर्या-अतिथियों का स्वागत-सत्कार, आस-पास के पौधों-पेड़ों की देख-भाल, पालित पशुओं की निगरानी...यही सब काम उसके जिम्मे थे। इन कामों में उसे आनन्द भी आता था। एक जगह शकुंतला ने कहा है–

"पिताजी ने नियुक्त किया है, इसी कारण मैं इन्हें सींचती होऊँ सो बात नहीं; मेरा खुद का भी तो इनके प्रति सहोदर-स्नेह है!"

तपोवन की एक-एक लता से और एक-एक तरु से उसकी आत्मीयता थी–जिस प्रकार प्रियंवदा से या अनसूया से।

निसर्ग के प्रति यह तदात्मभाव कालिदास के अन्य नाटकों में भी हम पाते हैं।

शकुंतला नाटक की प्रशंसा में भारतीय एवं विदेशी मनीषियों ने ढेरों उद्‌गार प्रकट किए हैं। उनकी चर्चा करना यहाँ पिष्टपेषण मात्र होगा। 'विक्रमोर्वशीय' को कालिदास के नाटकों में द्वितीय स्थान प्राप्त है और 'मालविकाग्निमित्र' को तृतीय। तात्पर्य यह नहीं कि पिछले दोनों नाटक घटिया किस्म की फालतू रचनाएँ हैं। फिर भी 'अभिज्ञान-शाकुंतलम्' की तुलना में इन्हें हम नहीं रख सकते। शकुंतला न केवल संस्कृत नाटकों में, बल्कि संसार-भर के नाटकों में श्रेष्ठ है, फिर विक्रमोर्वशीय और मालविकाग्निमित्र ही कैसे उसकी बराबरी करें।

वाल्मीकि, कालिदास, भवभूति और तुलसीदास–इन्हीं चार महाकवियों को आलोचकाचार्य रामचन्द्र शुक्ल ने अपना आदर्श एवं आधार माना है। निरुत्साह, निराशा, अमंगल, स्वार्थ आदि पर उत्साह, आशा, मंगल, परमार्थ आदि की विजय दिखलानेवाले कवियों में कालिदास का कोई साधारण स्थान नहीं है।

व्यक्ति और समुदाय, इसी प्रकार राष्ट्र और विश्व परस्पर-विरोधी नहीं हैं। हमारी भारतीय परम्परा में कभी इन्हें अलग-अलग करके नहीं देखा गया। 'कला कला के निमित्त' वाली बात हमारे यहाँ कभी नहीं सुनी गई। जीवन के प्रति नकारात्मक दृष्टिकोण न वाल्मीकि का रहा, न व्यास का और न कालिदास का ही। मृत्यु का नहीं, जीवन का दर्शन भारत का अपना दर्शन है।

वाल्मीकि ने कहा, जीवित रहना श्रेय है क्योंकि जीवित रहने पर सुख के दिन कभी न कभी आ ही जाते हैं।

व्यास ने कहा, मैं और कुछ नहीं चाहता, चाहता हूँ यही कि प्राणियों की मुसीबतें मिट जाएँ।

कालिदास ने कहा, क्षण-भर भी यदि जीव का श्वास चालू रहे तो यह उसके लिए लाभ की बात हुई!

जब तक सफलता न मिले, तब तक हमें ढीला नहीं पड़ना चाहिए, आफलोदयकर्मा होना चाहिए। संचय केवल इसलिए हो कि त्याग करना है। अपराधियों को दंड देना आवश्यक है। समय पर सोना और समय से शय्यात्याग करना। कम बोलना, क्योंकि इससे सत्य की रक्षा होगी। यशस्वी होना है तो विजयी बनो। गृहस्थी का भार ढोना इसलिए आवश्यक है कि संतान की परम्परा टूट न जाए। बचपन में जिस प्रकार विद्याभ्यास आवश्यक है, जवानी में लौकिक सुखों का उपभोग भी उसी प्रकार अनिवार्य है। बुढ़ापे में मुनिवृत्ति और अन्त में यौगिक क्रियाओं के सहारे देहान्त—कालिदास ने अपने युग के आदर्श जीवन की यह झाँकी 'रघुवंश' के आदि में ही दी है।[1]

सदाचार पर महाकवि ने काफी जोर दिया है। रामचन्द्र के पुत्र महाराज कुश ने साकेत छोड़कर अन्य स्थान में नयी राजधानी बसाई थी। एक रात परित्यक्त अयोध्या की नगर देवता स्त्रीरूप धारण करके राजा से मिलने आयी—

"जिस प्रकार दर्पण में छाया प्रविष्ट कर जाती है, उसी प्रकार वह अन्दर घुस आयी थी। उसे देखकर महाराज को बड़ा आश्चर्य हुआ। उपरला धड़ और सिर उठाकर विस्मित स्वर में वह बोले :

"तुम कौन हो? बन्द घर में घुस आयी हो मगर योगिनी होने का एक भी लक्षण दिखाई नहीं देता। हिमदग्ध कमलिनी की तरह उदास आकार धारण किए हो! हे शुभे, तुम कौन हो? किसी पत्नी हो? मेरे पास क्यों आई हो? साफ-साफ बताओ! हाँ, इतना ध्यान रहे कि रघुवंशियों का मन स्वभाव से ही परस्त्री-विमुख रहता है।"

तब उस स्त्री ने कहा—"मैं अयोध्या की नगर देवी हूँ।"

इस प्रकार के चित्रों से कवि की नीयत का पता चलता है।

विश्वजित् यज्ञ के बाद रघु का खजाना खाली था। महर्षि वरतंतु के शिष्य (कौत्स) गुरु-दक्षिणा की रकम के लिए अयोध्या पहुँचे। आतिथ्य-सत्कार के समय मिट्टी के बर्तन देखकर युवक मुनि को घोर निराशा हुई और वह वापस जाने लगा। राजा को सारी बात मालूम हो ही चुकी थी। उसने मुनि से दो-तीन दिन की मुहलत माँगी, क्योंकि विद्वान् याचक का लौट जाना उसके लिए असह्य था।...तब राजा ने धनपति वरुण पर चढ़ाई करने की सोची और अगली सुबह सदल-बल

---

1. 'सोहभाज्न्म शुद्धामाम्'—से लेकर 'रघूणामन्वयं वक्ष्ये' तक।

प्रयाण करने वाला ही था कि अधिकारियों ने आकर निवेदन किया—"श्रीमान् खजाने में सोने का ढेर लग गया है।"

अब राजा खजाने की समूची स्वर्णराशि मुनि को देने लगे और मुनि ने प्रयोजन से अधिक सोना लेना अस्वीकार कर दिया। महर्षि ने चौदह विद्याओं के लिए चौदह कोटि अशर्फियाँ चाही थीं, शिष्य को राजा से उतनी ही रकम अपेक्षित थी। परन्तु राजा का आग्रह था कि यह समस्त-स्वर्णराशि आपके लिए ही तो है!

लोगों ने न ऐसा दानी देखा था, न ऐसा याचक ही। आखिर स्वर्णमुद्राओं से लदे-लदाए सैकड़ों ऊँट कौत्समुनि के साथ कर दिए गये।

कैसी भी अमूल्य वस्तु हो, आवश्यकता से अधिक वह वस्तु नहीं चाहिए... उसी प्रकार, योग्य व्यक्ति को जितना भी कुछ दिया जाय, गुणज्ञ दानी का जी नहीं भरेगा। इन दोनों तथ्यों का कैसा बढ़िया चित्रण कालिदास ने किया है।[1]

जैसे-जैसे जन-सामान्य शिक्षित होता जाएगा, वैसे ही वैसे कालिदास की कविता उसकी समझ में आती जाएगी। काव्य-महाकाव्य की तह में घुसने के लिए अक्षराम्भ की योग्यता कोई योग्यता नंहीं कही जाएगी। कलाओं की मर्मज्ञता पहले मुट्ठी-भर लोगों की बपौती थी, अब ज्ञान-विज्ञान की तरह ललितकला का द्वार भी सामान्य जनता के लिए उन्मुक्त होता जा रहा है। कालिदास, विद्यापति, ग़ालिब और रवीन्द्र किसी खास जाति, वर्ग या देश के एकाधिकार में नहीं रहने के।

दूसरी बात यह है कि कवि और शिक्षक एक नहीं हुआ करते। सीधे लोक-शिक्षा का कार्य तो लोक-शिक्षक ही करेगा। कवि पर इसका भार डालिएगा तो वह कवि नहीं रह जाएगा। रवीन्द्र ने एक जगह लिखा है—

"कालिदास की कविता अच्छी है तो वह सभी लोगों के लिए सभी कालों के भंडार में संचित रही समझिए। आज की जनता जिसे नहीं समझ सकी, शायद कल के लोग उसे समझेंगे, कम से कम आशा तो ऐसी ही करनी चाहिए। किन्तु कालिदास यदि कवि के बजाय लोकहितैषी होते, तो हो सकता है कि पाँचवीं सदी के खेतिहरों की प्राथमिक शिक्षा में काम आनेवाली कुछ किताबें लिख जाते। उस स्थिति में उनके बाद की इतनी सदियों की क्या हालत होती?

"तो क्या आप समझते हैं, तब कोई लोकहितैषी था ही नहीं? जनसाधारण की नैतिक ओर जाठरिक उन्नति की चिंता करते हुए तब क्या किसी ने कोई पुस्तक लिखी ही नहीं? किन्तु क्या वह साहित्य था? साल खत्म होते-होते पाठ्य-पुस्तकों

---

1. 'रघुवंश' (पंचम् सर्ग)

की जो दशा हुआ करती है, उन पुस्तकों के भाग्य में भी वही हुआ होगा।"[2]

कालिदास की वाणी भारतीय भावनाओं का सही सन्देश वहन कर रही है। वह जन-कल्याण की एषणाओं से ओतप्रोत है फिर भी 'निष्क्रिय प्रतिरोध' की मोघ शिक्षा का आभास नहीं है उसमें।

'विक्रमोर्वशीय' नाटक के अन्त में कवि ने जो शुभकामना व्यक्त की है, उसका उद्धरण आवश्यक है—

"सर्वस्तरतु दुर्गाणि
सर्वे भद्राणि पश्यतु।
सर्वः कामानवाप्नोतु
सर्वः सर्वत्र नंदतु!!"

---

2. रवीन्द्र-साहित्य (धन्यकुमार जैन द्वारा अनूदित) भाग 24; पृष्ठ 14

मेघदूत

1

अपने कर्तव्य से भ्रष्ट एक यक्ष
पाकर वर्ष-भर का प्रिया-विरह-शाप
अलकापति धनेश्वर कुबेर से
दीन-हीन कृशकाय ओजरहित खिन्नमन
जाकर रहने लगा रामगिरि की वनस्थलियों में
छाँह थी जहाँ की स्निग्ध, शीतल, मन-भावन
जल था जहाँ का जनकलली के स्नान से पावन।

कश्चित् कान्ताविरहगुरुणा स्वाधिकारात्प्रमत्तः
शापेनास्तङ्गमितमहिमा वर्ष भोग्येण भर्तुः।
यक्षश्चक्रे जनकतनयास्नानपुण्योदकेषु
स्निग्धच्छायातरुष वसतिं रामगिर्याश्रमेषु॥

2

दुबली कलाइयों से खिसक पड़े कंगन
प्रिया-विरह-कातर खोया-सा रहता मन
बिता दिए कई एक महीने पहाड़ों पर
कि इतने में आ धमका
आषाढ़ का पहला दिन
लिपट गये शिखरों से घनघोर बादल
महामत्त गजराज मिट्टी के ढूहों से
भिड़े हों ज्यों सिर के बल।

तस्मिन्नद्रौ कतिचिदबलाविप्रयुक्तः स कामी
नीत्वा मासान् कनकवलयभ्रंशरिक्तप्रकोष्ठः।
आषाढस्य प्रथमदिवसे मेघमाश्लिष्टसानुं
वप्रक्रीडापरिणतगजप्रेक्षणीयं ददर्श॥

3

देखते ही मेघ
जग पड़े चिरसुप्त अभिलाष
कथंचित सँभलकर खड़ा हुआ यक्ष उसके सामने
रोककर नयननीर
खिन्नमन बेसुध शरीर
सोचता रह गया बड़ी ही देर तक
राजराजेश्वर कुबेर का अभागा अनुचर
देखकर घनघटा
व्याकुल हो उठते जब सुखी प्रेमियों के जोड़े
तो फिर उसका क्या कहना
पड़ी हो दूर देश में
गले लगने को आतुर प्रणयिनी जिसकी?

तस्य स्थित्वा कथमपि पुरः कौतुकाधानहेतो–
रन्तबष्पिश्चिरमनुचरो राजराजस्य दध्यौ।
मेघालोके भवति सुखिनोऽप्यन्यथावृत्ति चेतः
कण्ठाश्लेषप्रणयिनि जने किं पुनर्दूरसंस्थे॥

4

सोचा बेचारे ने : निकट है सावन
कैसे सँभालेगी अपने को प्रियतमा मेरी?
क्यों न मैं बेचारी तक इन मेघों के द्वारा
भेज दूँ अपना कुशल-समाचार?
तत्पश्चात् निवेदित करके कुटज के टटके फूल
प्यारभरे शब्दों में बोला विनीत यक्ष–
बन्धुवर मेघ, स्वागत हो तुम्हारा
तापतप्त जग के एकमात्र तुम हो सहारा।

प्रत्यासन्ने नभसि दयिताजीवितालम्बनार्थी
जीमूतेन स्वकुशलमयीं हारयिष्यन् प्रवृत्तिम् ।
स प्रत्यग्रैः कुटजकुसुमैः कल्पितार्घाय तस्मै
प्रीतः प्रीतिप्रमुखवचनं स्वागतं व्याजहार ॥

5

ओ भोले यक्ष!
बनेगा मेघ भला कैसे संदेश वाहन?
सुध-बुध को दे दी है सचमुच तूने तिलांजलि!
धूम, ज्योति, सलिल, समीर के जमघट कहाँ वे बादल?
कहाँ ये तेरे संदेश, जिन्हें ले जा सकते
—कर-चरणोंवाले सचेत प्राणी?
...कुछ नहीं सोच पाया उत्सुकता का शिकार
विरही यक्ष!
की नहीं पर्वाह, किससे कर रहा है बातें
क्यों भला कर पाए वासना-विकल प्राणी
जड़ और चेतन की विवेचना?

धूमज्योतिः सलिलमरुतां सन्निपातः क्व मेघः
संदेशार्थाः क्व पटुकरणैः प्राणिभिः प्रापणीयाः ।
इत्यौत्सुक्यादपरिगणयन् गुह्यकस्तं ययाचे
कामार्ता हि प्रकृतिकृपणाश्चेतनाचेतनेषु ॥

6

कौन जाने, मेघ ने सुना कि नहीं!
यक्ष किन्तु कहता गया
परम निमग्न-सा प्रीतिसुधासिंधु में :
पैदा हुए हो मित्र, विश्वविदित पुष्करावर्त कुल में
सुरपति के दूत हो इच्छारूपधारी!
साथिन से बिछुड़ा हूँ दैव-दुर्योग का निशाना
अतः तुमसे करता हूँ प्रार्थना सांजलि
याचक हुआ हूँ गुणी अभिजात के समक्ष
खेद नहीं होगा यहाँ अपूर्ण भी यदि रहे मनोरथ

अधम की कृपा से पूरी हुई प्रार्थना मृत्यु के तुल्य है।

जातं वंशे भुवनविदिते पुष्करावर्तकानां
जानामि त्वां प्रकृतिपुरुषं कामरूपं मघोनः।
तेनार्थित्वं त्वयि विधिवशाद्दूरबन्धुर्गतोऽहं
याच्ञा मोघा वरमधिगुणे नाधमे लब्धकामा॥

7

घनश्याम जलद अहे जीवनदाता
एकमात्र तुम हो तापतप्तों के त्राता
धनपति कुबेर के कोप का हूँ शिकार
प्रेयसी तक पहुँचा दो शब्द मेरे दो-चार
हे सहृदय बन्धु, मुझपर दया करो
यक्षों की बस्ती अलका तुम्हें जाना है
जगमगाए रहती है जिसके महलों को
उपवन-स्थित शंकर के भालचंद्र की चाँदनी।

सन्तप्तानां त्वमसि शरणं तत्पयोद प्रियायाः
सन्देशं मे हर धनपतिक्रोधविश्लेषितस्य।
गन्तव्या वे वसतिरलका नाम यक्षेश्वराणां
बाह्योद्यानस्थितहरशिरश्चन्द्रिकाधौतहर्म्या॥

8

सामने की लटें उठाकर ऊपर
भरोसे की नज़रों से देखेंगो तुमको विरहिनें
होकर पवनपंख पर सवार उड़ोगे जब
छोड़कर मुझ-जैसे पराधीन प्राणी को
और कौन होगा कि उमड़ा तुम्हें देखकर
वियोगाकुल प्रिया की करे अवहेलना?

त्वामारूढं पवनपदवीमुद्गृहीतालकान्ताः
प्रक्षिप्यन्ते पथिकवनिताः प्रत्ययादाश्वसन्त्यः।
कः सन्नद्धे विरहविधुरां त्वय्युपेक्षेत जायां
न स्यादन्योऽप्यहमिव जनो यः पराधीनवृत्तिः॥

9

लौ लगाए गिन रही होगी मेरे लौटने के दिन
सकुशल होगी तुम्हारी भाभी
तुम उसे देखोगे अवश्य
स-चराचर सृष्टि में अ-प्रतिहतगति हे प्रियबंधु!
प्रेमल कुसुमसम भंगुर स्त्री-हृदय को
टिकाए रहता है विरह की अवधि में
आशा का बन्धन ही प्रायः।

तां चावश्यं दिवसगणनातत्परामेकपत्नी-
मव्यापन्नामवहितगतिर्द्रक्ष्यसि भ्रातृजायाम्।
आशाबन्धः कुसुमसदृशः प्रयाशोह्यङ्गनानां
सद्यःपाति प्रणयि हृदयं विप्रयोगे रुणद्धि॥

10

मृदु-मन्थर गति से
डोल रहा है अनुकूल पवन
बाईं ओर साथी पपीहा तुम्हें पुकार रहा 'पीउ-पीउ'
जानकर गर्भधारण का अपना अवसर उपस्थित
उड़-उड़कर अभिनंदन करेगी तुम्हारा
मादा बगुलों की कतार
नील-निर्मल गगन में!

मन्दं-मन्दं नुदति पवनश्चानुकूलो यथा त्वां
वामश्चायं नदति मधुरं चातकस्ते सगन्धः।
गर्भाधानक्षण- परिचयान्नूनमाबद्धमालाः
सेविष्यन्ते नयनसुभगं खे भवन्तं वलाकाः॥

11

पावस के प्रिय मेघ
सुन-सुनकर तुम्हारा गर्जन
उग आएँगे कुकुरमुत्तों के अँखुए
हो उठेंगे राजहंस मानसरोवर जाने को उतावले;

चोंच में लिये
कमलनाल के टूसों की टुकड़ियाँ
उड़ते हुए जाएँगे साथ कैलाश तक!

कर्तुं यच्च प्रभवति महीमुच्छिलीन्ध्रामबन्ध्यां
तच्छुत्वा ते श्रवणसुभगं गर्जितं मानसोत्काः।
आकैलासाद्विसकिसलयच्छेदपाथेयवन्तः
संपत्स्यन्ते नभसि भवतो राजहंसाः सहायाः॥

12

विदा होना है
गले मिल लो अब इससे
रघुपति के वन्दनीय चरणों से अंकित पठार हैं
—विलक्षण यह चित्रकूट, तुम्हारा अंतरंग सखा
जब-जब मिलते हो, स्नेह को करता है अभिव्यक्त
चिर विरहजनित गरम-गरम भाप छोड़कर।

आपृच्छस्व प्रियसखममुं तुङ्गमालिङ्ग्य शैलं
वन्धैः पुंसां रघुपतिपदैरङ्कितं मेखलासु।
काले-काले भवति भवतो यस्य संयोगमेत्य
स्नेहव्यक्तिश्चिरविरहजं मुञ्चतो बाष्पमुष्णम्॥

13

बता दूँ पहले तुम्हें वह राह
जिधर से जाने में सुभीता होगा
पीछे सुन लेना श्रुतिमधुर संदेशा
थको तो पहाड़ों पर सुस्ता-सुस्ता के जाना
सूखो तो झरनों का हल्का पानी पी-पी के तर होना।

मार्गम् तावच्छृणु कथयतस्त्वत्प्रयाणानुरूपं
सन्देशं मे तदनु जलद श्रोष्यसि श्रोत्रपेयम्।
खिन्नः खिन्नः शिखरिषु पदं न्यस्य गन्तासि यत्र
क्षीणः क्षीणः परिलघु पयः स्रोतसां चोपभुज्य॥

14

लचकीली बेतों से हरी-भरी घाटियोंवाला
यह स्थान छोड़कर नभ में ऊपर उठना
चक्करदार अंधड़ों और भारी बगूलों से होगी मुठभेड़
उन्हें धकियाकर बढ़ जाना आगे
सिर उठाए—
चकित दृगों से देखेंगी तुम्हें मुग्ध विद्याधरियाँ...
क्या है यह मइया री मइया!
शैल के शिखर को उड़ाए लिये जा रहा है पवन!
उनका यह अचम्भा तुम्हारे अन्दर फुर्ती भर देगा।

अद्रेः शृंगं हरति पवनः किंस्विदित्युन्मुखीभि-
र्दृष्टोत्साहश्चकितचकितं मुग्धसिद्धाङ्गनाभिः।
स्थानादस्मात्सरसनिचुलादुप्तोदङ्मुखः खं
दिङ्नागानां पथि परिहरन् स्थूलहस्तावलेपान् ॥

15

खेलोगे जब-जब धूप से आँखमिचौनी
उग-उग आएगा मनोरम इंद्रधनुष
बहुविध मणियों की मिश्रित परछाईं-सा;
इंद्रधनुशोभित तुम्हारा वह श्याम तनु—
देखते ही नयनों में नाचेगा बार-बार
मोरपंखधारी
साँवलिया विहारी।

रत्नच्छायाव्यतिकर इव प्रेक्ष्यमेतत्पुरस्ताद्
वल्मीकाग्रात् प्रभवति धनुःखण्डमाखण्डलस्य।
येन श्यामं वपुरतितरां कान्तिमापत्स्यते ते
बर्हेणेव स्फरितरुचिना गोपवेषस्य विष्णोः ॥

16

तुम पर है निर्भर खेती-किसानी
ऐसा सोच-सोचकर

तुम्हारी ही ओर रहेंगे खुले एकटक
ग्रामांचलवासिनी सुहासिनी बहुओं के
नेह-छोहभरे किंतु तिर्छी चितवनों से कोरे नयन!
हाल की जुती सोंधी-सोंधी उस मालवभूमि पर
मित्र मेरे, थोड़ा ही सही मगर बरसना जरूर
हर्ज क्या ज़रा-सा पच्छिम जाना पड़ेगा
फिर द्रुतगति से कर लेना अपना रुख उत्तर की ओर।

त्वय्यायत्तं कृषिफलमिति भ्रूविलासानभिज्ञैः
प्रीतिस्निग्धैर्जनपदवधूलोचनैः पीयमानः।
सद्यः सीरोत्कषणसुरभिः क्षेत्रमारुह्य मालं
किञ्चित्पश्चाद्व्रज लघुगतिर्भूय एवोत्तरेण॥

17

आगे पड़ेगा आम्रकूट पर्वत...
जंगल की आग की करेंगी प्रशमित
बड़ी-बड़ी बौछारें तुम्हारी
कृतज्ञ वह सहृदय पहाड़
श्रांत-क्लांत जानकर तुम को
ठहरा लेगा अपनी ऊँची चोटियों पर
करेगा मैत्री का बर्ताव
याद करके पहला उपकार
अति अकिंचन भी करता है सखा का सत्कार
—नहीं चूकता है कभी
तो फिर आम्रकूट-जैसे बड़ों का क्या कहना!

त्वामासारप्रशमितवनोपप्लवं साधु मूर्ध्ना
वक्ष्यत्यध्वश्रमपरिगतं सानुमानाम्रकूटः।
न क्षुद्रोऽपि प्रथमसुकृतापेक्षया संश्रयाय
प्राप्ते मित्रे भवति विमुखः किं पुनर्यस्तथोच्चैः॥

18

भली-भाँति छाए होंगे छोरों पर

पके फलोंवाले जगमगाते, आम के जंगली पेड़
बीच में शिखर पर होओगे तुम
चिकने चमकीले बालों की तरह कोमल और काले!
कैसा मनोरम होगा वह दृश्य!
मध्य में श्याम, चारों ओर पीला फैलाव
धरती के पुष्ट-पीन उत्तुंग स्तन तुल्य...
देखेंगे तुम्हें देव-देवियों के जोड़े ले ले के रस!

छन्नोपान्तः परिणतफलद्योतिभिः काननाम्रैः
स्त्वय्यारूढे शिखरमचलः स्निग्धवेणीसवर्णे।
नूनं यास्यत्यमरमिथुनप्रेक्षणीयामवस्थां
मध्ये श्यामः स्तन इव भुवः शेषविस्तारपाण्डुः॥

19

अगणित कुंज हैं आम्रकूट की घाटियों में
करती होंगी विहार जंगली तरुणियाँ
रुक जाना तुम भी वहाँ घड़ी-भर
बरसने से बदन हो चुकेगा हल्का
अब और आगे बढ़ना—
विन्ध्य के ऊबड़-खाबड़ पठारों पर
दिखाई देगी अनेक धारों में छितराई रेवा नदी
हाथी की देह पर सफेद खड़िया से खिंची लकीरों जैसी

स्थित्वा तस्मिन्वनचरवधूभुक्तकुञ्जे मुहूर्तं
तोयोत्सर्गद्रुततरगतिस्तत्परं वर्त्म तीर्णः।
रेवां द्रक्ष्यस्युपलविषमे विन्ध्यपादे विशीर्णां
भक्तिच्छेदैरिव विरचितां भूतिमङ्गे गजस्य॥

20

बाकी जल प्यारे वहीं बरसा देना
और फिर पी लेना जी-भर रेवा का पानी
—जंगली हाथियों के कटु-कषाय मद से सुवासित;
—जामुन के कुंजों में से रुक-रुक के बहता हुआ;

तब आगे बढ़ जाना!
भरे-पूरे मेघ, तुम्हें पवन नहीं सकेगा तोल
रिक्तता है हल्कापन
पूर्णता होती है सदैव गौरवमय।

तस्यास्तिक्तैर्वनगजमदैर्वासितं वान्तवृष्टि-
र्जम्बूकुञ्जप्रतिहतरयं तोयमादाय गच्छेः।
अन्तःसारं घन तुलयितुं नानिलः शक्ष्यति त्वां
रिक्तः सर्वो भवति हि लघुः पूर्णता गौरवाय॥

21

फुहारें बरसाते हुए
मज़े में चलते जाना
राह बताएँगे तुम्हें
कदम्ब के अर्धस्फुटित केसरोंवाले—
हरे-पीले फूलों पर मँडराते भौंरे;
कछारों में अभी-अभी मुकुलित कन्दलियाँ चरते हरिण;
तीखी गंधवाली धरती को सूँघते हाथी।

नीपं दृष्ट्वा हरितकपिशं केसरैरर्धरूढै-
राविर्भूतप्रथममुकुलाः कन्दलीश्चानुकच्छम्।
जग्ध्वारण्येष्वधिकसुरभिं गन्धमाघ्राय चोर्व्याः
सारङ्गास्ते जललवमुचः सूचयिष्यन्ति मार्गम्॥

22

ऊपर ही ऊपर
जलबिन्दुग्रहणचतुर चातकों को निहारती
उँगली उठा-उठाकर गिनती : एक दो तीन चार...
गगनविहारी पंक्तिबद्ध बकों को
खेलती होंगी विभोर विद्याधरियाँ
कि सुनकर तुम्हारा गर्जन उठेंगी काँप-काँप
कसके लिपटेंगी निज-निज प्रिय के गले से
और वे तुम्हारे प्रति कृतज्ञ होंगे!

अम्भोविन्दुग्रहणचतुराँश्चातकान् वीक्षमाणाः
श्रेणीभूताः परिगणनया निर्दिशन्तो वलाकाः।
त्वामासाद्य स्तनितसमये मानयिष्यन्ति सिद्धाः
सोत्कम्पानि प्रियसहचरीसम्भ्रमालिङ्गितानि॥

23

मेरा काम करने को आतुर, मीत प्यारे
पता है मुझे कि तुम रुकना नहीं चाहोगे
किंतु कुटज-कुसुमों से सुरभित पहाड़ों पर
कैसे नहीं बिलमोगे, यह तो बताओ!
करके 'कें - कें - कें'
सजलनयनवाले मोर करेंगे स्वागत
तुम परन्तु झटपट—
आगे बढ़ जाने की कोशिश करना!

उत्पश्यामि द्रुतमपि सखे मत्प्रियार्थं यियासोः
कालक्षेपं ककुभसुरभौ पर्वते पर्वते ते।
शुक्लापाङ्गै सजलनयनैः स्वागतीकृत्य केकाः
प्रत्युद्यातः कथमपि भवान् गन्तुमाशु व्यवस्येत्॥

24

खिले हुए केवड़ों से धूसर होंगे बागों के घेरे
बलिभोजी कौओं के घोंसलों से—
मुखरित होंगे गँवई चितामंदिर
पकी-पकी काली-काली जामुनों से लदे होंगे जंगल
कुछ दिन टिके रहना चाहेंगे हंस
जब कि तुम पहुँचोगे 'दशार्ण' जनपद।

पाण्डुच्छायोपवनवृतयः केतकैः सूचिभिन्नै-
र्नीडारम्भैर्गृहवलि- भुजामाकुलग्रामचैत्याः।
त्वय्यासन्ने परिणतफलश्यामजम्बूवनान्ताः
सम्पत्स्यन्ते कतिपयदिनस्थायिहंसा दशार्णाः॥

25

परम प्रथित नगरी वह विदिशा...
सुलभ होंगे सभी साधन विलासिता के वहाँ
देर है पहुँचने-भर की!
बेतवा नदी के किनारे रुकना
मीठे-मीठे हौले-हौले गरजना
पीना जल उसका चपल-तरंगमय
बंकिम भ्रूवाली वनिता का अधरमधु—
पीता ज्यों रसिक नटनागर।

तेषां दिक्षु प्रथितविदिशालक्षणां राजधानीं
गत्वा सद्यः फलमविकलं कामुकत्यस्य लब्ध्वा।
तीरोपांतस्तनितसुभगं पास्यसि स्वादु यस्मात्
सभ्रू भङ्गं मुखमिव पयो वेत्रवत्याश्चलोर्मि॥

26

सुविकसित कदम्बों से आच्छादित
मिलेगा "नीच" नाम का एक पहाड़
पुलकित-सा दीखेगा परस पाकर तुम्हारा
करना आराम वहाँ ज़रा देर के लिए
वेश्या-विलास से सुवासित गुफाएँ
पेश करती हैं जहाँ नागरिकों की अबाध तरुणाई
के सबूत

नीचैराख्यं गिरिमधिवसेस्तत्र विश्रामहेतो-
स्तवत्सम्पर्कात्पुलकितमिवप्रौढपुष्पैः कदम्बैः।
यः पण्यस्त्रीरतिपरिमलोद्गारिभिर्नागराणा
मुद्दामानि प्रथयति शिलावेश्मभिर्यौवनानि॥

27

जंगली नदियों के किनारे-किनारे
फैले होंगे जुही के बाग
थकावट मिटा चुको तो

ताज़ा फुहारों से उन्हें सींचते जाना
गालों के पसीने से म्लान–
लटकते होंगे उनके कानों से नील कमल
रखना ध्यान, बचे रहें घाम से
फूल चुननेवाली मालिनों के मुख;
क्षण-भर को सही परिचित हो लेना उनसे।

विश्रान्तः सन्व्रज वननदीतीरजातानि सिञ्च-
न्नुद्यानानां नवजलकणैर्यूथिकाजालकानि।
गण्डस्वेदापनयनरु- चाक्लान्तकर्णोत्पलानां
छायादानात्क्षणपरिचितः पुष्पलावीमुखानाम्॥

28

उत्तराऽभिमुख यात्री प्रियवर मेघ!
टेढ़ा तो पड़ेगा मगर होते जाना उज्जयिनी नगरी
मिलेगा महलों की गोद का दुलार
समझूँगा तुम्हें नयनमणिहीन–
यदि वहाँ सुन्दरियों की
विद्युत-चितवनों का मज़ा न ले पाए!

वक्रः पन्था यदिप भवतः प्रस्थितस्योत्तराशां
सौधोत्सङ्गप्रणयविमुखो मा स्म भूरुज्जयिन्याः।
विद्युद्दामस्फुरितचकितैस्तत्र पौराङ्गनानां
लोलापाङ्गैर्यदि न रमसे लोचनैर्वञ्चितोऽसि॥

29

रुक-रुक के बहती, दिखाती भँवर-नाभि...
उज्जयिनी से इधर ही मिलेगी निर्विन्ध्या नदी
कमर की करधनी जहाँ लोल-लहर-
मुखरित विहगावली
उपेक्षा मत करना, मिल लेना तुम उससे अवश्य
होते हैं हाव-भाव ही

मौखिक निवेदन प्रणय के
स्त्रियों की ओर से।

वीचिक्षोभस्तनितविहणश्रेणिकाञ्चीगुणायाः
संसर्पन्त्याः स्खलितसुभगं दर्शितावर्तनाभेः।
निर्विन्ध्यायाः पथि भव रसाभ्यन्तरः संनिपत्य
स्त्रीणामाद्यं प्रणयवचनं विभ्रमो हि प्रियेषु॥

30

वेणी-सी पतली-लम्बी धारवाली
तुम्हारी यह विरहिन
तटवर्ती तरुओं के पके पातों से पीली-पीली
करेगी पेश सबूत तुम्हारे सौभाग्य का
अब ऐसा करना कि दूर हो बेचारी की कृशता
भर देना जीवनरस बरस-बरसकर

वेणीभूतप्रतनुसलिलासावतीतस्य सिन्धुः
पाण्डुच्छाया तटरुहतरुभ्रंशिभिशीर्णपर्णैः।
सौभाग्यं ते सुभग विरहावस्थ्यया व्यञ्जयन्ती
कार्श्यम् येन त्यजति विधिना स त्वयैवोपपाद्यः॥

31

पहुँचना अवन्ति, जहाँ गँवई पोढ़े-पुराने
सुनाते नहीं थकते उदयन की कहानियाँ!
धनधान्यपुष्ट, तुष्टजनशोभित
आकर्षित करेगी तुम्हें वह उज्जयिनी;
स्वर्गवास की अवधि समाप्त होने के पूर्व ही
शेष अल्पपुण्य के बदले कृती सज्जन
लाए साथ दिव्यलोक का यह चमकीला टुकड़ा :
ऐसा भ्रम होता, जिस नगरी को देखकर!!

प्राप्यावंतीनुदयनकथा- कोविदग्रामवृद्धान्
पूर्वोद्दिष्टामनुसर पुरीं श्रीविशालां विशालाम्।

स्वल्पीभूते सुचरितफले स्वर्गिणां गांगतानां
शेषैः पुण्यैर्हृतमिवदिवः कान्तिमत् खण्डमेकम्॥

32

दूर तक फैलाता हंसों के मदमस्त कलकूजन
तड़के खिले कमलों की कसैली सुगंध से खुशगवार
प्रीतम की तरह विनयी और चाटुकार
शिप्रा का मृदु-मधुर समीर
करता होगा रमणियों की परिचर्या अनुकूल
हरता होगा सम्भोग की थकान।

दीर्घीकुर्वन्पटु मदकलं कूजितं सारसानां
प्रत्यूषेषु स्फुटितकमलामोदमैत्रीकषायः।
यत्र स्त्रीणां हरति सुरतग्लानिमङ्गानुकूलः
शिप्रावातः प्रियतम इव प्रार्थनाचाटुकारः॥

33

देखना भला–
ललित रमणियों के लाक्षारंजित चरण-चिह्नों
की सुषमा
थकावट मिटाना भला–
उज्जैन के कुसुम-सुरभित महलों में
सुगन्धित करके सुन्दरियों के बाल
झरोखे से निकलता होगा अगर की धूप का धुआँ
कर लेना उससे शरीर अपना पुष्ट;
बन्धु-सुलभ स्नेह से अभिभूत पालतू मयूर
देंगे तुम्हें नृत्य का उपहार।

जालोद्गीर्णैरुपचितवपुः केशसंस्कारधूपै-
र्बन्धुप्रीत्या भवनशिखिभिर्दत्तनृत्योपहारः।
हर्म्येष्वस्याः कुसुमसुरभिष्वध्वखेदं नयेथा
लक्ष्मीं पश्यंल्ललितवनितापादरागाङ्कितेषु॥

34

आगे मिलेगा चंडीनाथ महाकाल का मन्दिर
देखेंगे शिव के गण सादर-सभक्ति तुम्हें—
'श्यामकान्ति वाले धन्य हे मेघ,
हमारे प्रभु के कंठ की तरह!'
तरुणियों की जलकेलि के कारण कटु-कषाय
प्रफुल्ल कमल-कुमुद-पराग-सुरभित
शिप्रा-समीर वहाँ सचल-सचेत किये रहता उपवन को

भर्तुः कण्ठच्छविरिति गणैः सादरं वीक्ष्यमाणः
पुण्यं यायास्त्रिभुवनगुरोर्धाम चण्डीश्वरस्य।
धूतोद्यानं कुवलयरजोगन्धिभिर्गन्धवत्या-
स्तोयक्रीडानिरतयुवतिस्नानतिक्तैर्मरुद्भिः॥

35

कभी चाहे पहुँचो महाकाल के पास
रुक जाना मगर सन्ध्याकाल तक
गरज-गरज के करना तुम भी नगाड़े की आवाज़
होने लग जाय जब शाम की सुहावनी आरती
इस प्रकार पूरी तरह होंगे सफल
मन्द्र-गम्भीर गर्जन तुम्हारे।

अप्यन्यस्मिञ्जलधर महाकालमासाद्य काले
स्थातव्यं ते नयनविषयं यावदत्येति भानुः।
कुर्वन् सन्ध्याबलिपटहतां शूलिनः श्लाघनीया-
मामन्द्राणां फलमविकलं लप्स्यसे गर्जितानाम्॥

36

छोड़ते होंगे मीठी-मीठी आवाज़ करधनी के
छोटे-छोटे घुंघरू
पा-पाकर नाच में जिनके थिरकते पैरों की धमक
थक गये होंगे मुलायम कलाईवाले जिनके हाथ

जड़ें नगों से दमकती मूँठवाले चँवर डुलाते-डुलाते
चलाएँगी तुम पर भौंरों की कतार जैसी बड़ी-बड़ी
तिर्छी नज़रें
ताज़ा-ताज़ा ठंडी-ठंडी बूँदें पड़ेंगी जब
उन वेश्याओं के नखक्षतों पर।

पादन्यासैक्वणितरशनास्तत्र लीलावधूतै
रत्नच्छायाखचितबलिभिश्चामरैः क्लान्तहसताः।
वेश्यास्त्वत्तो नखपदसुखान् प्राप्य वर्षाग्रविन्दू-
नामोक्ष्यन्ते त्वयि मधुकरश्रेणिदीर्घान् कटाक्षान्॥

37

अड़हुल के टटके फूल की तरह
सान्ध्य लालिमा लिये हुए
छा जाना भोजपत्तर के ऊँचे-ऊँचे पेड़ों पर
आरती के बाद,
आरम्भ होगा भगवान् पशुपतिनाथ का तांडव नृत्य
पूरी करना तुम आर्द्र गजचर्म ओढ़ने की उनकी
अभिलाषा पहले चकित, फिर शान्तचित्त
—देखती रहेगी तुम्हें भवानी दुर्गा
सराहेगी मन ही मन शिव के प्रति इस भक्तिभाव को!

पश्चादुच्चैर्भुजतरुवनं मण्डलेनाभिलीनः
सान्ध्यं तेजः प्रतिनवजपापुष्परक्तं दधानः।
नृत्यारम्भे हर पशुपतेरार्द्रनागाजिनेच्छां
शान्तोद्वेगस्तिमितनयनं दृष्टभक्तिर्भवान्याः॥

38

काले पाख का होगा नीरव निशीथ
राजपथ होगा घन तिमिर के कारण आलोकहीन
जा रही होंगी प्रियतम के पास
मिलनातुर सुन्दरी तरुणियाँ

आलोकित करना मित्र तुम उनका मार्ग
छिटकाना कनक-कसौटी-सी स्निग्ध-दीप्त बिजली
न तो बरसना, ना ही गरजना
वर्ना बेचारी बीच राह में ही
दम तोड़ देंगी घबरा-घबरा के।

गच्छन्तीनां रमणवसतिं योषितां तत्र नक्तं
रुद्धालोके नरपतिपथे सूचिभेद्यैस्तमोभिः।
सौदामिन्या कनकनिकषस्निग्धया दर्शयोर्वीं
तोयोत्सर्गस्तनितमुखरो मा स्म भूर्विक्लवास्ताः॥

39

चिर-विलास के कारण थकी हुई
प्रेयसी अपनी विद्युत् को लेकर
बिता देना किसी ऐसे मकान की छत पर रात
—सोये पड़े हों जहाँ कबूतर
फिर वहाँ से चल देना सूरज निकलते सबेरे-सबेरे
लेकर मित्रों के काम की जिम्मेवारी
ढीले नहीं पड़ते कभी भले आदमी।

तां कस्यांचिद् भवनवलभौ सुप्तपारावतायां
नीत्वा रात्रिम् चिरविलसनात् खिन्नविद्युत्कलत्रः।
दृष्टे सूर्ये पुनरपि भवान् बाहयेदध्वशेषं
मन्दायन्ते न खलु सुहृदामभ्युपेतार्थकृत्याः॥

40

और किसी के साथ गँवाकर रात लौटेंगे प्रीतम
पोंछेंगे वंचिता प्रेयसी के नयनजल तड़के
देखना, उस वक्त सूरज की राह मत छेंकना
वह खुद भी लौट रहा होगा उषा की वेला में
नलिनी के कमलमुख से हिम-अश्रु पोंछने
रोकोगे किरण-करों को तो वह बेहद रंज होगा!

तस्मिन काले नयनसलिलं योषितां खण्डितानां
शान्तिं नेयं प्रणयिभिरतो वर्त्म भानोस्त्यजाशु।
प्रालेयास्रँ कमलवदनात् सोऽपि हर्तुं नलिन्याः
प्रत्यावृत्तस्त्वयि कररुधि स्यादनल्पाभ्यसूयः॥

41

गम्भीर नदी का जल है
चित्त की तरह प्रसन्न-निर्मल
छायामय मेघ, पड़ेगी उसमें श्यामल प्रतिच्छवि
सहज-सलोने तुम्हारे तन की
कुमुद-धवल चपल मछलियाँ–
लोटती-पलोटतीं, किया करतीं किलोल
वस्तुतः यही तो तुम्हारी उस प्रेयसी की होंगी
शोख चितवनें
आसान नहीं होगा उनकी उपेक्षा करना

गम्भीरायाः पयसि सरितश्चेतसीव प्रसन्ने
छायात्मापि प्रकृतिसुभगो लप्स्यसे ते प्रवेशम्।
तस्मादस्याः कुमुदविशदान्यर्हसि त्वं न धैर्या-
न्मोघीकर्तूं चटुलशफरोद्वर्तनप्रेक्षितानि॥

42

नीचे झुककर पियोगे 'गम्भीरा' का स्वादिष्ट जल
खाली होगी वह, निचले तट तक दिखाई देने लगेंगे
खिसकती साढ़ी को सँभालते हाथों-सी–
झुकी रहेंगी बेत की ताजी-हरी छड़ियाँ
हट चुका होगा श्याम-सलिल-चीर
खुल गये होंगे प्रवाह-नितम्ब
कौन भला छोड़ देगा उघरे जाँघोंवाली प्रेयसी
का सम्पर्क
अविदित नहीं रह गया हो यदि स्वाद?
तो तुम बड़ी मुश्किल से

अपनी उस प्रेयसी का छोड़ पाओगे साथ
अछता-पछताकर प्रस्थान करोगे आगे की ओर।

तस्याः किंचित्करधृतमिव प्राप्तवानीरशाखं
हत्वा नीलं सलिलवसनं मुक्तरोधो नितम्बम्।
प्रस्थानं ते कथमपि सखे लम्बमानस्य भावि
ज्ञातास्वादो विवृतजघनां को विहातुं समर्थः॥

43

अपना रुख़ करना तब देवगिरि की ओर
बहती होगी नीचे ठंडी-ठंडी हवा—
फुहारों से उच्छ्वसित धरती की ताजी-सोंधी
वास लिये,
उठाकर सूँड़ पी रहे होंगे वही हवा हाथी
हल्की-हल्की चिंघाड़ भर रही होगी दिशाओं में
मादक सिहरन
पक रहे होंगे जंगली गूलर
—पा-पाकर जादुई परस उसी बयार की।

त्वन्निष्यन्दोच्छ्वसितवसुधागन्धसम्पर्करम्यः
स्रोतोरन्ध्रध्वनितसुभगं दन्तिभिः पीयमानः।
नीचैर्वास्यत्युपजिगमिषोर्देवपूर्वं गिरिं ते
शीतो वायुः परिणमयिता काननोदुम्बराणाम्॥

44

देवगिरि में स्थापित है
विश्ववन्ध स्कंद की प्रतिमा
बरसा-बरसाकर मंदाकिनी-सलिल-सिक्त फूल
उन्हें तुम नहलाना; बन जाना पुष्पवर्षी बादल!
सुरपति की सेनाओं की रक्षार्थ
अर्धेन्दुमौलि भगवान् शंकर ने
डाला था अग्नि के मुँह में तेजोमय अपना वीर्य

—सूर्य तक के लिए असह्य!
वही तो आप हैं परम प्रतापी कुमार कार्तिकेय।

तत्र स्कन्दं नियतवसतिं पुष्पमेघीकृतात्मा
पुष्पासारैः स्नपयतु भवान् व्योमगङ्गाजलार्द्रैः।
रक्षाहेतोर्नवशशिभृता वासवीनां चमूना-
मत्यादित्यं हुतवहमुखे सम्भृतं तद्धि तेजः॥

45

पीछे मेघ प्यारे, जी-भर गरजना
प्रतिध्वनित हो उठेंगी देवगिरि की घाटियाँ
सुन-सुनकर श्रुतिसुखद तुम्हारा गर्जन
नाच-नाच उठेगा कुमार का मोर
धुले-धुले लगते हैं जिसकी आँखों के कोर
—पी-पीकर शंकर के मौलिचंद्र की किरणें;
गिरते ही उठा लेती है जिसका चमकीला पंख भवानी
सजाती है उसी से कान नील-कमल के बदले
कि बेटा खुश होगा देख-देखकर!

ज्योतिर्लेखावलयि गलितं यस्य बर्हं भवानी
पुत्रप्रेम्णा कुवलयदलप्रापि कर्णे करोति।
धौतापाङ्गं हरशशिरुचा पावकेस्तं मयूरं
पश्चादद्रिग्रहण- गुरुभिर्गजितैर्नर्तयेथाः॥

46

करके आराधना
कृत्तिकापुत्र भगवान् स्कंद की
आगे बढ़ जाना
भीगने के डर से खाली कर देंगे तुम्हारी राह
वीणापाणि सिद्धों के विलासी जोड़े
नदी के रूप में प्रभावित है आज भी राजा
रंतिदेव की कीर्ति

किया था उसने गोमेध यज्ञ, बहाई थी खून की धार
नीचे उतर आना तुम
उस चम्बल को अपना प्यार देना।

आराध्यैनं शरवणभवं देवमुल्लङ्घिताध्वा
सिद्धद्वन्द्वैर्जलकणभयाद् वीणिभिर्मुक्तमार्गः।
व्यालम्बेथाः सुरभितनयालम्भजां मानयिश्यन्
स्रोतोमूर्त्या भुवि परिणतां रन्तिदेवस्य कीर्तिम्॥

47

विष्णु की कांति के चोर हे प्रिय बन्धु
चम्बल नदी में उतरोगे जब तुम पानी लेने
पतला-पतला सा लगेगा उसका मोटा प्रवाह
देख-देख के उस दृश्य की ओर ऊपर से
देवयोनि के गगन विहारी जीव
बताऊँ, क्या समझेंगे तुम दोनों को?
धरती के वक्षस्थल पर
लम्बी-पतली लड़ी मोतियों की पड़ी है एक
बीच में गुँथा है स्थूलतम दाना नीलमणि का...

त्वय्यादातुं जलमवनते शार्ङ्गिणो वर्णचौरे
तस्याः सिन्धोः पृथुमपि तनुं दूरभावात्प्रवाहम्।
प्रेक्षिष्यन्ते गगनगतयो नूनमावर्ज्य दृष्टी
रेकं मुक्तागुणमिव भुवः स्थूलमध्येन्द्रनीलम्॥

48

चम्बल के उस पार
लक्ष्य बनने देना अपने को
दशपुर निवासिनी सुन्दरियों की
उन तिर्छी चितवनों का—
खूबी उड़ा ली है जिन्होंने
हिलते कुन्द कुसुमों के अनुगामी भौंरों की
और भँवों की थिरकन से सुपरिचित

ऊपर को 'उठती चंचल पलकें' छू-छूकर
चमकती रहतीं काली-काली पुतलियाँ
जिनकी गतिशील सफेद कोओं के अन्दर।

तामुत्तीर्य व्रज परिचितभ्रूलताविभ्रमाणां
पक्ष्मोत्क्षेपादुपरि विलसत्कृष्णशारप्रभाणाम्।
कुन्दक्षेप्तानुगमधुकर श्रीमुषामात्मबिम्बं
पात्रीकुर्वन् दशपुरवधूनेत्रकौतूहलानाम्॥

49

छायामात्र से ब्रह्मावर्त को अनुगृहीत करके
कुरुक्षेत्र जाना
जूझे थे, हुए थे ढेर लाखों-लाख क्षत्रिय...
इस तथ्य का साक्षी...
कौरव-पाडंव दलों का परम प्रथित युद्धस्थल!
छिन्न-भिन्न कर डाले राजपुत्रों के मुख
गांडीवी अर्जुन ने तीखे शरों की अभिवृष्टि से
करते हो कमलों का वही हाल
भारी बौछारों से तुम भी तो!

ब्रह्मावर्तं जनपदमथच्छायया गाहमानः
क्षेत्रं क्षत्रप्रधनपिशुनं कौरवं तद्भजेथाः।
राजन्यानां शितशरशतैर्यत्र गाण्डीवन्धवा
धारापातैस्त्वमिव कमलान्यभ्यवर्षन्मुखिनि॥

50

बान्धवजन-सुलभ प्रीति के ही कारण
महायुद्ध से तटस्थ
कृष्णाग्रज हलधर बलदेव
छोड़कर अपनी अभिरुचि का मद्य, प्रेयसी-लोचन
प्रतिबिम्बित
पिया करते थे जिस नदी का सुस्वादु जल
प्रियवर पयोद, तुम भी करना सेवन

सरस्वती के उस पवित्र जल का।
होगा शुद्ध-स्वच्छ अन्तस्तल
सूरत-भर रह जाएगी साँवली!

हित्वा हालामभिमतरसां रेवतीलोचनाङ्कां
बन्धुप्रीत्या समरविमुखो लाङ्गली याः सिषेवे।
कृत्वा तासामभिगममपां सौम्य सारस्वतीना-
मन्तःशुद्धस्त्वगपि भविता वर्णमात्रेण कृष्णः॥

51

आगे पड़ेगा कनखल
नीचे उतरती जहाँ गंगा जन्हुनंदिनी
शैलराज हिमालय की तलहटी छोड़कर
अभिशप्त सगरपुत्रों के स्वर्ग-गमन निमित्त
बना दी थी उसने सीढ़ियों की कतार
सौतिया डाह के कारण गौरी
मुँह चिढ़ाती रही, करती रही भ्रू-भंग
मगर गंगा ही कहाँ की कम थी!
छोड़-छोड़कर ढेरों झाग
करती रही गौरी का परिहास
भालचन्द्रस्पर्शी तरंग-हाथों से
पकड़ लिये आख़िर उसने शिव के बाल।

तस्माद गच्छेरनुकलखलं शैलराजावतीर्णां
जह्नोः कन्यां सगरतनयस्वर्गसोपानपङ्क्तिम्।
गौरीवक्त्रभ्रुकुटिरचनां या विहस्येव फेनैः
शम्भोः केशग्रहणमकरादिन्दुलग्नोर्मिहस्ता॥

52

स्व्च्छ स्फटिक निर्मल
गंगा भागीरथी का पवित्र जल
पीना चाहोगे ऐरावत की तरह
निम्नाभिमुख लम्बमान होकर

गतिशील स्रोत में पड़ेगी छाया तुम्हारी
उस तरफ तनिक ताकना तो!
तीर्थराज प्रयाग से अन्यत्र
गंगा-यमुना के संगम-सा वह दृश्य
वाह! कैसा सुशोभन होगा!

तस्याः पातुं सुरगज इव व्योम्नि पश्चार्धलम्बी
त्वं चेदच्छस्फटिकविशदं तर्कयेस्तिर्यगम्भः।
संसर्पन्त्यः सपदि भक्तः स्रोतसिच्छाययासौ
स्यादस्थानोपगत- यमुनासङ्गमेवाभिरामा॥

53

उसी सुरसरि त्रिपथगा का उत्स
बैठे कस्तूरीमृगों की नाभिगंध से सुरभित शिलाओंवाला
ताज़ा बरफों से सफेद पर्वतेश्वर हिमालय
आगे मिलेगा तुम्हें।
मार्गश्रमहारी उसके शिखर पर
थोड़ी देर सही, बैठ किंतु जाना!
दिखाई पड़ोगे तुम—
शिव के श्वेत वृष की सींगों पर लगे हुए पंक-सम!

आसीनानां सुरभितशिलं नाभिगन्धैर्मृगाणां
तस्या एवं प्रभवमचलं प्राप्त गौरं तुषारैः।
वक्ष्यस्यध्वश्रमविनयने तस्य शृङ्गे निषण्णः
शोभां शुभ्रविनयनवृषोत्खातपङ्कोपमेयाम्॥

54

हवा चलने पर
परस्पर यदि रगड़ खा जायँ सरल-द्रुम
हो उठें गरम; चिनगारियाँ निकालें
फैल जाए यदि वेददारु वन में अग्नि विकराल
जल उठें यदि चमरी गायों के झबरीले बाल
तो तुम मूसलाधार अपनी सौ-सौ बौछारों से

प्रशमित कर देना वह दावानल
करती ही आयी है काम दीन-दुखमोचन का
भलों की सम्पदा!

तं चेद्वायौ सरति सरलस्कन्धसंघट्टजन्मा
बाधेतोल्काक्षपितचमरीबालभारो दवाग्निः।
अर्हस्येनं शमयितुमलं वारिधारासहस्रै-
रापन्नार्तिप्रशमनफलाः संपदो ह्युत्तमानाम्॥

55

छोड़कर उनकी राह बढ़ोगे तुम आगे
फिर भी यदि गुस्से में भरकर सामने आएँ शरभ
अपनी हड्डी-पसली तुड़वाने पर आमादा, लाँघना
वे तुम्हें चाहें
ज़ोरों से बरसाकर ओले
तितर-बितर कर देना उन्हें!
कौन नहीं झेलता है संकट
निष्फल कामों का प्रयत्न करके?

ये संरम्भोत्पतनरभसाः स्वाङ्गभङ्गाय तस्मिन्
मुक्ताध्वानं सपदि शरभा लङ्घयेयुर्भवन्तम्।
तान् कुर्वीथास्तुमुलकरकावृष्टिपातावकीर्णान्
के वा न स्युः परिभवपदं निष्फलारम्भयत्नाः॥

56

अमल धवल हिमराशिमंडित—
उसी नगपति की किसी शिला पर
भली-भाँति अंकित हैं भगवान् शंकर के चरणचिन्ह;
करते हैं निवेदित सिद्धगण
बहुविध उपहार जिनके निमित्त।
तुम भी जाना प्रिय, उनके निकट
करना दर्शन;
श्रद्धालुजन करते हैं उन श्रीचरणों का साक्षात्कार

पाते हैं प्रथम आदि गणों के शाश्वत पदाधिकार
—देहत्याग के बाद!

तत्र व्यक्तं दृषदि चरणन्यासमर्धेन्दुमौलेः
शश्वत्सिद्धैरुपचितबलिं भक्तिनम्रः परीयाः।
यस्मिन् दृष्टे करणविगमादूर्ध्वमुद्धतपापाः
कल्पिष्यन्ते स्थिरगणपदप्राप्तये श्रद्दधानाः॥

57

मीठे-मीठे बज रहे होंगे
पवन-पूरित स-छिद्र जंगली बाँस
गा रही होंगी हिल-मिल के किन्नरियाँ
त्रिपुरासुर-विजय के गीत;
पूर्ण हो जाएगा संगीत का आयोजन
गर्जन तुम्हारा यदि हो उठे प्रतिध्वनित
ठीक उसी वक्त गुफाओं के अन्दर

शब्दायन्ते मधुरमनिलैः कीचकाः पूर्वमाणाः
संसक्तोभिस्त्रिपुरविजयो गीयते किंनरीभिः।
निर्ह्लादस्ते मुरज इव चेत कन्दरेषु ध्वनिः स्यात्
संगीतार्थो ननु पशुपते स्तत्र भावी समग्रः॥

58

हिमालय के कंगूरों से गुज़रते हुए
देखते हुए उसकी खूबियाँ
पहुँचना उस सँकरी घाटी के निकट
कहते हैं जिसे क्रौंच द्वार—
भृगुपति परशुराम ने करके छेद
जिसमें से निज कीर्ति को बढ़ा लिया था आगे।
तुम भी बढ़ना आगे उत्तर की ओर
उसी क्रौंचरन्ध्र में से होकर
दीखेगी उस समय तुम्हारी आकृति तिर्छी-लम्बी
राजा बलि को अनुशासित करते समय

तिर्छे-लम्बे ऊपर उठे साँवले पैर की तरह
वामनरूपधारी विष्णु के!

प्रालेयाद्रेरुपतटमतिक्रम्य तांस्तान् विशेषान्
हंसद्वारं भृगुपतियशोवर्त्म यत् क्रौञ्चरन्ध्रम्।
तेनोदीचीं दिशमनुसरेस्तिर्यगायामशोभी
श्यामः पादो वलिनियमनाभ्युद्यतस्येव विष्णोः॥

59

फिर ज़रा ऊपर उठकर कैलाश का अतिथि होना
चटक उठी थीं जिसके शिखरों की सन्धियाँ
दसकंधर रावण की बीस बाँहों में कसकर;
दर्पण का काम लेती हैं देव बालाएँ जिससे;
ऐसा वह कैलाश!
कर्पूरगौर करुणापति भगवान् शंकर
दिन-दिन पुंजीभूत सित-उज्ज्वल अट्टहास तुल्य
फैल रहा नीले आसमान में—
कुमुदाभ अमल-धवल चोटियों की ऊँचाइयाँ लेकर!

गत्वा चोर्ध्वं दशमुखभुजोच्छ्वासितप्रस्थसन्धेः
कैलासस्य त्रिदशवनितादर्पणस्यातिथिः स्याः।
शृङ्गोच्छ्रायैः कुमुदविशदैर्यो वितत्य स्थितः खं
राशीभूतः प्रतिदिनमिव त्र्यम्बकस्याट्टहासः॥

60

हाथी-दाँत के ताज़ा-ताज़ा तराशे हुए टुकड़े की तरह
गोरा है कैलाश!
भली-भाँति बने काजल की तरह
तुम हो चिकने-काले
बताऊँ, सटोगे उससे तो कैसे लगोगे?
पड़ी हो नीली चादर ज्यों गौरांग बदलेव के कन्धों पर
साँवले-सलोने प्रिय मित्र मेघ
दीखोगे उसी तरह धवलगिरि पर—

ठगी-पगी आँखों से एकटक देखने लायक!

उत्पश्यामि त्वयि तटगते स्निग्धभिन्नाञ्जनाभे
सद्यः कृत्तद्विरदशनच्छेदगौरस्य तस्य।
शोभामद्रेः स्तिमितनयनप्रेक्षणीयां भवित्री-
मंसन्यस्ते सति हलभृतो मेचके वाससीव॥

61

वहीं कैलास पर, एक ओर
क्रीड़ा-पर्वत है उमानाथ का
परे रखकर भुजंग-कंगन
शिवजी देते होंगे हाथ का सहारा
करती होगी पार्वती तब उस पहाड़ी पर
चहल-कदमी
मीत मेरे मेघ!
बरसना मत उस वक्त
अपनी जलराशि को अन्दर ही कर लेना स्तम्भित
होकर भक्ति-भाव से प्रणत शरीर
सीढ़ियों का काम करना उनके निमित्त
मणिमय कंगूरे पर सरलतापूर्वक चढ़ जाएगी भवानी!

हित्वा तस्मिन् भुजगवलयं शम्भुना दत्तहस्ता
क्रीडाशैले यदि च विचरेत् पादचारेण गौरी।
भङ्गीभक्त्या विरचितवपुः स्तम्भितानतर्जलौघः
सोपानत्वं कुरु मणितटारोहणायाग्रयायी॥

62

रगड़-रगड़कर रत्नखचित कंगनों के नुकीले कोर
निकालेंगी तुम्हारी देह से सुरयुवतियाँ पानी
बना डालेंगी तुम्हें फव्वारों का घर
उलझकर उनसे गरम हो उठोगे!
कर्णकटु गर्जनों से धमका देना—
छुटकारा चाहो यदि उन ढीठ अप्सराओं की पकड़ से!

तत्रावश्यं वलयकुलिशोद्धट्टगीर्णतोयं
नेष्यन्ति त्वां सुरयुवतयो यन्त्रधारागृहत्वम्।
ताभ्यो मोक्षस्तव यदि सखे धर्मलब्धस्य न स्यात्
क्रीडालोलाः श्रवणपरुषैर्गर्जितैर्भाययेस्ताः॥

63

जी-भर घूमना
मनाना मौज कैलास पर्वत पर
मुँह पर सिल्क-सा छाकर—
बहला देना ऐरावत का दिल!
विचित्र-विलक्षण-कोमल नए-नए पात कल्पतरु के...
महीन सतरंगी रेशमी की तरह
हलराना उन्हें बार-बार!!

हेमाम्भोजप्रसवि सलिलं मानसस्याददानः
कुर्वन् कामं क्षणमुखपटप्रीतिमैरावतस्य।
धुन्वन् कल्पद्रुमकिसलयान्यंशुकानीव वातै-
र्नानाचेष्टैर्जलद ललितैर्निर्विशेस्तं नगेन्द्रम्॥

64

प्रियतम की गोद में प्रेयसी की तरह
कैलास की गोद में शोभित है अलका नगरी...
नीचे खिसकी जा रही होगी गंगा, शाल-समान!
हो नहीं सकता कि तुम पहचानो न अलका को...
ऊँचे भवनोंवाली उस नगरी पर
छाए ही रहते हैं बरसते बादल तुम्हारे मौसम में
कि मोतियों की झालरें ज्यों
कामिनी के कुन्तलकलाप पर!

तस्योत्सङ्गे प्रणयिन इव स्रस्तगङ्गादुकूलां
न त्वं दृष्ट्वा न पुनरलकां ज्ञास्यसे कामचारिन्।
या वः काले वहति सलिलोद्गारमुच्चैर्विमाना
मुक्ताजालग्रथितमलकं कामिनीवाभ्रवृन्दम्॥

65

क्यों न करेंगे बराबरी तुम्हारी
अलकापुरी के ऊँचे-ऊँचे प्रासाद
लपलपाती बिजलियाँ हैं तुम्हारे साथ
तो उनके साथ हैं ढीठ और छबीली तरुणियाँ
इंद्रधनुष बढ़ाता है तुम्हारी शोभा
तो वे भी जगमगाते हैं रुचिर चित्रों से
गरजते हो तुम मन्द्र-गम्भीर
तो उनमें भी संगीत के समय ठनकते हैं ढोलक
घनीभूत है तुम्हारे अन्दर श्याम-नील सलिल
तो नीलमणि-खचित हैं उनकी भी गचें
तुम हो ऊँचाई पर तो उनकी भी अटारियाँ
गगन को चूम रहीं।

विद्युत्वन्तं ललितवनिताः सेन्द्रचापं सचित्राः
संगीताय प्रहतमुरजाः स्निग्धगम्भीरघोषम्।
अन्तस्तोयं मणिमयभुवस्तुङ्गमभ्रंलिहाग्राः
प्रासादास्त्वां तुलयितुमलं यत्र तैस्तैर्विशेषैः॥

66

हाथ में कमल
कुन्द के अधखिले फूल गुँथे हैं बालों में
रगड़-रगड़कर लोध्र कुसुम का धारा पराग
मुख की कान्ति को बना लिया है पांडुर
जूड़ों में खोंसे हैं कुरबक टटके
सौरभमय शिरीष कानों में हैं लट्टके
मात्र तुम्हारी ऋतु में खिलनेवाला कदम्ब-पुष्प
पाता है अलका में सीथ पर गौरवपूर्ण स्थान।

हस्ते लीलाकमलमलके बालकुन्दानुविद्धं
नीता लोध्रप्रसवरजसा पाण्डुतामानने श्रीः।
चूडापाशे नवकुरबकं चारु कर्णे शिरीषं
सीमन्ते च त्वदुपगमजं यत्र नीपं वधूनाम्॥

67

खिले-अधखिले फूलों से
लदे रहते हैं सदा ही पेड़
सुनाई पड़ती है मदमस्त भौंरों की गुंजन हमेशा
घेरे रहती हैं हंस की पाँतें
बावड़ियों में सदाबहार कमलों की
जगमग-पंख उन्नत-शिर पालतू मोर
बोलते रहते हैं दिन-रात
रातों पर करती है पोची पै पोची—
महीने में तीसो दिन अँजोरिया

यत्रोन्मत्तभ्रमरमुखराः पादपा नित्यपुष्पा
हंसश्रेणीरचितरशना नित्यपद्मा नलिन्यः।
केकोत्कण्ठा भवनशिखिनां नित्यभास्वत्कलापा
नित्यज्योत्स्नाः प्रतिहततमोवृत्तिरम्याः प्रदोषाः॥

68

आनन्द के कारण ही
सजल हो आती हैं आँखें,
अन्यथा देख नहीं पाओगे आँसू!
लगते कामदेव के तीर बस तभी पैदा होती है जलन
—जिसका प्रतिकार है इच्छित-जन-समागम!
करते हैं चुहलबाज़ आपस में प्यार के झगड़े...
बिछुड़ते हैं जान-बूझकर; यही बस बिछोह है
उनके यहाँ!
बचपन न बुढ़ापा, जवानी ही जवानी होती है
समूची आयु!
धनपति यक्षों का कुछ ऐसा ही होता है अनोखा संसार...

आनन्दोत्थं नयनसलिलं यत्र नान्यैर्निमित्तै-
र्नान्यस्तापः कुसुमशरजादिष्टसंयोगसाध्यात्।
नाप्यन्यस्मात्प्रणयकलहाद्विप्रयोगोपपत्ति-
र्वित्तेशानां न च खलु वयो यौवनादन्यदस्ति॥

69

महलों की श्वेत-शुभ्र मणिमय गचें...
प्रतिबिम्बित तारकदल जगमगाते हैं फूलों की तरह
बैठते हैं यक्ष उन पर चुनी हुई सहचरियों के साथ
कल्पतरुप्रसूत कामदीपन मदिरा की लेते हैं चुस्कियाँ
निकलती होती हैं
हौले-हौले पिटते मृदंगों से
तुम्हारे गर्जनों की तरह मन्द्र-गम्भीर ध्वनियाँ।

यस्यां यक्षाः सितमणिमयान्येत्य हर्म्यस्थलानि
ज्योतिश्छायाकुसुमरचितान्युत्तमस्त्रीसहायाः।
आसेवन्ते मधु रतिफलं कल्पवृक्षप्रसूतं
त्वद्गम्भीरध्वनिषु शनकैः पुष्करेष्वाहतेषु॥

70

ऐसी खूबसूरत होती हैं अलका की तरुणियाँ
पाने को उन्हें सुरगण रहते हैं लालायित
मंदाकिनी-सलिल-सिक्त-शिशिर-समीर-सेवित
तटवर्ती मन्दार तरुओं की छाया में
सुनहले बालू के अन्दर डालती हैं मुट्ठियाँ
खेलती रत्नों को छिपाने व ढूँढ़ने का खेल।

मन्दाकिन्याः सलिलशिशिरैः सेव्यमाना मरुद्भि-
र्मन्दाराणामनुतटरुहां छायया वारितोष्णाः।
अन्वेष्टव्यैः कनकसिकतामुष्टिनिक्षेपगूढैः
संक्रीडन्ते मणिभिरमरप्रार्थिता यत्र कन्याः॥

71

गाँठ खोलकर हटाने लगते जब रेशमी साड़ी
सम्भोग के लिए आतुर चपलपाणि प्रियतम
लाल-लाल होठोंवाली भोली किशोरियों की कमर से
हो उठतीं तब वे कातर संकोच के मारे
सह्य नहीं होता रत्नद्वीपों का प्रकाश

फिजूल ही फेंकती हैं भर-भर मुट्ठी गुलाल
जगमगाते उन रत्नों की ओर।

नीवीबन्धोच्छ्वसितशिथिलं यत्र विम्बाधराणां
क्षौमं रागादनिभृतकेरेष्वाक्षिपत्सु प्रियेषु।
अर्चिस्तुङ्गानभिमुखमपि प्राप्य रत्नप्रदीपान्
ह्रीमूढ़ानां भवति विफलप्रेरणा चूर्णमुष्टिः॥

72

सतमंज़िला मकानों के ऊपरी हाल में होते हैं दाखिल
सदागतिशील पवन से प्रेरित तुम्हारे हमजोली बादल
फुहियों से भिगो-भिगो मिटा देते हैं
भीत पर उरेहे हुए चित्र
और फिर, धुएँ के छल्लों की नकल करने में उस्ताद
डर के मारे निकल भागते हैं दुष्ट
छितरा-छितराकर जालीदार झरोखे से

नेत्रा नीताः सततगतिना यद्विमानाग्रभूमी-
रालेख्यानां नवजलकणैर्दोषमुत्पाद्य सद्यः।
शङ्कास्पृष्टा इव जलमुचस्त्वादृशा जालमार्गै-
र्धूमोद्गारानुकृतिनिपुणा जर्जरा निष्पतन्ति॥

73

हटता है तुम्हारा घेरा
खिलखिला उठती है मध्यरात्रि की चाँदनी
टपकाने लगती हैं बूँद-बूँद पानी—
जालीदार झालरों से लटकती चन्द्रकान्त मणियाँ!
वही तो मिटाता है सम्भोग की उनकी थकावट
ढीले पड़े होते हैं जिन कामिनियों के अंग
प्रियतम की बाँहों में कसे-कसे।

यत्र स्त्रीणां प्रियतमभुजालिङ्गनोच्छ्वासिताना-
मङ्गग्लानि सुरतजनितां तन्तुजलावलम्बाः।
त्वत्संरोधापगमविशदै- श्चन्द्रपादैर्निशीथे

व्यालुम्पन्ति स्फुटजललवस्यन्दिनश्चन्द्रकान्ताः॥

74

तलगृह में सुरक्षित अखूट निधियों के अधिपति
विलासी स्वभाव के अजर-अमर यक्षगण
समय बिताते उपवन में बैठ-बैठ प्रमुख अप्सराओं के साथ
सुनते हैं ललितकंठ किन्नरों से लय-ताल-बद्ध गीत
—राजराजेश्वर कुबेर की विरुदावली के कोमलकमनीय पद!

अक्षय्यान्तर्भवननिधयः प्रत्यहं रक्तकण्ठै-
रुद्गायद्भिर्धनपतियशः किनरैर्यत्र सार्धम्।
वैभ्राजाख्यं विवुधवनितावारमुख्यासहाया
बद्धालापा बहिरुपवनं कामिनो निर्विशन्ति॥

75

रात के वक्त, प्रेमी-जनों के पास जाती हैं प्रेयसियाँ
बिजली की फुर्ती से उठते हैं पैर
खिसक-खिसक पड़ते हैं पथ पर
अलकावली-गुम्फिल फूल
कानों से गिर-गिर पड़ते—
छिदी-भिदी पँखुड़ियोंवाले स्वर्ण कमल
बिखेरते चलते हैं मोती उभरी छातियों के दबाव से
टूटे हार
अगले सवेरे सूचित हो जाता है इस प्रकार
सुन्दरियों के निशाविहार का मार्ग।

गत्युत्कम्पादलकपपितैर्यत्र मन्दारपुष्पैः
पत्रच्छेदैः कनककमलैः कर्णविभ्रंशिभिश्च।
मुक्ताजालैः स्तनपरिसरच्छिन्नसूत्रैश्च हारै-
र्नैशो मार्गः सवितुरुदये कामिनीनाम्॥

76

जानकर कुबेरसखा शिवजी को विद्यमान

अलका में अपना धनुष कभी नहीं उठाता आतंकित
पुष्पबाण
तान-तान के कँटीली भउहें
फेंक-फेंककर तीखे नैन
साधती हैं अचूक निशाना
करती हैं प्रेमी पुरुषों का शिकार छबीली तरुणियाँ
और क्या चाहिए भला कामदेव को?

मत्वा देवं धनपतिसखं यत्र साक्षाद् वसन्तं
प्रायश्चापं न वहति भयान्मन्मथः षट्पदज्यम्।
सभ्रूभङ्गप्रहितनयनैः कामिलक्ष्येष्वमोघै–
स्तस्यारम्भश्चतुरविनता विभ्रमैरेव सिद्धः॥

77

अलका की उसी मनोरम नगरी में
दूर से ही दिखाई देगा मेरा मकान तुम्हें–
कुबेर के राजकीय प्रासादों से ज़रा हटकर,
उत्तर की तरफ।
इन्द्रधनुष-तुल्य सतरंगी तोरण के कारण
आसान होगी उसकी पहचान
पास ही लहराता है तरुण मंदार तरु
मेरी प्रेयसी द्वारा सन्तान की भाँति लालित-पालित
खड़े-खड़े छू लेगा कोई भी फुनगी पर का पल्लव।

तत्रागारं धनपतिगृहानुत्तरेणास्मदीयं
दूराल्लक्ष्यं सुरपतिधनुश्चारुणा तोरणेन।
यस्योपान्ते कृतकतनयः कान्तया वर्धितो मे
हस्तप्राप्यस्तवकनमितो बालमन्दारवृक्षः॥

78

मरकत-शिला की सीढ़ियोंवाली
बावड़ी भी हैं अपनी, मकान के पास
बिल्लौरी मृणालवाले खिले स्वर्ण-कमलों भरी,

करते हैं किलोल वहाँ निश्चिन्त हंस
देखेंगे तुम्हें तथापि याद न आएगा उन्हें मानसरोवर

वापी चास्मिन् मरकतशिलाबद्धसोपानमार्गा
हैमैश्छन्ना विकचकमलैः स्निग्धवैदूर्यनालैः।
यस्यास्तोये कृतवसतयो मानसं सन्निकृष्टं
नाध्यारयन्ति व्यपगतशुचरत्वामपि प्रेक्ष्य हंसाः॥

79

मनोरंजनार्थ निर्मित कृत्रिम पहाड़ी
दिखाई देगी उस बावड़ी के निकट
चिकनी-चमकीली इन्द्रनील मणियों से
बनाई थीं हमने उसकी चोटियाँ
लगाई थीं चारों ओर स्वर्णकदली की बाड़!
उस पर देती थी जान मेरी घरवाली
याद आते ही, देखो, विह्वल हो उठा है चित्त!
कौंधती बिजली के साथ पाकर तुम्हें
नाच उठा है इन आँखों में अपना वही क्रीड़ा पर्वत...

तस्यास्तीरे रचितशिखरः पैशलैरिन्द्रनीलैः
क्रीडाशैलः कनककदलीवेष्टनप्रेक्षणीयः।
मद्गेहिन्याः प्रिय इति सखे चेतसा कातरेण
प्रेक्ष्योपान्तस्फुरिततडितं त्वां तमेव स्मरामि॥

80

क्रीड़ा पर्वत पर
वासन्ती लताओं से लदा है मंडप
चारों ओर जिसके, कुरवक की बाड़ है
निकट ही है चपल-किसलयोंवाला लाल अशोक
और मौलसिरी का खूबसूरत पेड़
मैं मौजूद रहूँ
तुम्हारी भाभी लाल अशोक को लगाए
हौले-हौले लात

मौलसिरी पर फेंके मदिरा की कुल्लियाँ...
खुलकर खिलने के लिए यही तो वे चाहते।

रक्ताशोकश्चलकिसलयः केसरश्चात्र कान्तः
प्रत्यासन्नौ कुरवकवृतेर्माधवीमण्डपस्य।
एकः सखयास्तव सह मया वामपादाभिलाषी
काङ्क्षत्यन्यो वदनमदिरां दोहृदच्छद्मनास्याः॥

81

अशोक और मौलसिरी के बीचोंबीच
स्वच्छ-स्फटिक की बनी है गोल-मोल पटिया
हरे बाँस की-सी रंगतवाली पन्ना-मणियों से
चिनी हुई
खड़ी है उस पर सोने की मूँठदार छड़ी
दिनान्त में बैठा करता है उसी पर मोर, तुम्हारा मीत
मुखर कंकणवाले हाथों से बजा-बजा के तालियाँ
नचाया करती है उसे नित्य मेरी प्रेयसी।

तन्मध्ये च स्फटिकफलका काञ्चनी वासयष्टि-
र्मूले बद्धा मणिभिरनतिप्रौढवंशप्रकाशैः।
नालैः शिञ्जावलयसुभगैर्नर्तितः कान्तया मे
यामध्यास्ते दिवसविगमे नीलकण्ठः सुहृद्धः॥

82

मित्रवर मेघ!
इन निशानों को भली-भाँति रखना याद
इन्हीं के हसारे पहचान लोगे तुम मेरा मकान
एक ओर शंख, दूसरी ओर अंकित है पद्म...
देख लेना द्वार...
चारों ओर छा रही होगी
मेरे अभाव में अभी वहाँ उदासी;
सूर्य न हो तो खो बैठता है कमल
अपनी स्वाभाविक शोभा!

एभिः साधो हृदयनिहितैर्लक्षणैर्लक्षयेथा
द्वारोपान्ते लिखितवपुषौ शंखपद्मौ च दृष्टवा।
क्षामच्छायं भवनमधुना मद्वियोगेन नूनं
सूर्यापाये न खलु कमलं पुष्यति स्वामभिख्याम्॥

83

फिर पीछे उतर आना नीचे
धारण कर लेना तरुण हाथों की भूमिका
बैठ जाना क्रीड़ा-पर्वत के सुभग शिखर पर
वहाँ बैठे-बैठे
हमारे घर के अन्दर
हौले-हौले फेंकना बिजली की निगाहें
जुगनुओं की जगमगाहट की तरह।

गत्वा सद्यः कलभतनुतां शीघ्रसपातहेतोः
क्रीडाशैले प्रथमकथिते रम्यसानौ निषण्णः।
अर्हस्यन्तर्भवनपतितां कर्तुमल्पाल्पभासं
खद्योतालीविलसितनिभां विद्युदुन्मेषदृष्टिम्॥

84-85

गोरी छरहरी...
सम सिनग्ध सुकांत सुपंक्ति दाँतोंवाली
विम्ब के पके फलों जैसे होंगे लाल-कोमल रसीले होठ
चौंकी हिरनी की-सी होंगी आँखें
कमर होगी बेहद पतली
गहरी होगी नाभि
चाल को नियंत्रित करता होगा नितम्बों का बोझ
तनिक-सी झुकी होगी स्तनों की उभार के कारण...

हमारे घर के भीतर
बहुत सारी युवतियों के बीच जो कोई हो ऐसी
विधाता की सर्वप्रथम कृति-सी
समझ लेना, बस वही है दूसरी मेरी जान

सहचर के अभाव में कम बोलनेवाली चकई
बहुतों के बीच भी अकेली
बड़ी ही बेचैनी से काट रही होगी वियोग के ये दिन
दिखाई देती होगी
शिशिर-ऋतु में पालों से बर्बाद कमलिनी की तरह
या ऐसी ही किसी दूसरी वस्तु-सी लगती होगी!

तन्वी श्यामा शिखरदशना पक्वविम्बाधरोष्ठी
मध्ये क्षामा चकितहरिणीप्रेक्षणा निम्ननाभिः।
श्रोणीभरादलसगमना स्तोकनम्रा स्तनाभ्यां
या तत्र स्याद् युवतिविषये सृष्टिराद्यैव धातुः॥

तां जानीथाः परिमितकथां जीवितं मे द्वितीयं
दूरीभूते मयि सहचरे चक्रवाकीमिवैकाम्।
गाढोत्कण्ठां गुरुषु दिवसेष्वेषु गच्छत्सु बाला
जातां मन्ये शिशिरमथितां पद्मिनीं वान्यरूपाम्॥

86

ज़ोर की रुलाइयों से सूज आयी होंगी आँखें
गरम-गरम साँसों से फीके पड़ गये होंगे होंठ
हथेली पर रखा होगा गाल
समूचा नहीं दीखता होगा मुख
क्योंकि आते होंगे सामने फिर-फिर सूखे-लम्बे बाल
हाय! तुम करते हो पीछा तो चाँद का भी
होता है यही हाल।

नूनं तस्याः प्रबलरुदितोच्छूननेत्रं प्रियाया
निश्वासानामशिशिरतया भिन्नवर्णाधरोष्ठम्।
हस्तन्यस्तं मुखमसकलव्यक्ति लम्बालकत्वा-
दिन्दोर्दैन्यं त्वदनुसरणक्लिष्टकान्तेविभर्ति॥

87-88-89

बताऊँ मित्र, तुम्हें वह क्या करती मिलेगी
सजा रही होगी देव-देवियों के निमित्त नैवेद्य

या कि रही होगी आँक कल्पनाप्रसूत विरह-खिन्न
मेरा यह शरीर
या कि रही होगी पूछ पिंजड़े में टँगी मिठबोली मैना से...
बोल री गुनवन्ती बोल, आते भी हैं वह तुम्हें याद?
तू तो उन्हें जान से प्यारी थी!

या कि गोद में बीन लिये मलिन वासना बेचारी
गाने ही वाली होगी मेरे नाम के गीत
आँसुओं से भीग-भीग जाते होंगे तार
कस रही होगी इन्हें बार-बार
रह-रह के भूलती होगी अपने ही स्वरों के चढ़ाव-उतार

या कि देहरी पर बैठी होगी, पड़े होंगे सामने फूल
उन्हीं के सहारे गिन रही होगी
विरह की अवधि के बाकी महीने
या फिर बिताए दिनों के सम्पर्क-सुख की
अनुभूतियों का ले रही होगी मन ही मन स्वाद
प्रीतम से बिछुड़ी प्यारी के यही तो होते हैं
विनोद के साधन।

आलोके ते निपतति पुरा सा वलिव्याकुला वा
मत्सादृश्यं विरहतनु वा भावगम्यं लिखन्ती।
पृच्छन्ती वा मधुरवचनां सारिकां पञ्जरस्थां
कच्चिद्भर्तुः स्मरसि रसिके त्वं हि तस्य प्रियेति॥

उत्संगे वा मलिनवसने सौम्य निक्षिप्य वीणां
मद्गोत्राङ्कं बिरचितपदं गेयमुद्गातुकामा।
तन्त्रीमार्द्रां नयनसलिलैः सारयित्वा कथञ्चिद्
भूयोभूयः स्वयमपि कृतां मूर्च्छनां विस्मरन्ती॥

शेषान्मासान् विरहदिवसस्थापितस्यावधेर्वा
विन्यस्यन्ती भुवि गणनया देहलीदत्तपुष्पैः।
मत्सङ्गं वा हृदयनिहितारम्भमास्वादयन्ती

प्रायेणैते रमणविरहेष्वङ्गनानां विनोदाः ॥

90

इधर-उधर की बातों में दिल बहलाकर
काट लेती होगी दिन के क्षण
उस समय वैसा अखरता नहीं होगा उसे मेरा अभाव
बेहद बढ़ जाती होगी रात के वक्त बेचारी की पीर
इच्छारूपधारी मीत मेरे मेघ झरोखे पर जाना बैठ
ज़मीन पर लेटी, उनींदी पतिव्रता अपनी भाभी का
दुख हल्का करना सहज होगा तुम्हारे लिए
सुनाकर उसे मेरे सन्देश निशीथ के क्षणों में।

सख्यापारामहनि न तथा पीडयेन्मद्वियोगः
शङ्के रात्रौ गुरुतरशुचं निर्विनोदां सखीं ते।
मत्सन्देशैः सुखयितुमलं पश्य साध्वीं निशीथे
तामुन्निद्रामवनिशयनां सौधवातायनस्थः ॥

91

क्षण की तरह बिता देती थी समूची रात
मेरे साथ यथेच्छ रतिरंग में
बिछोह की वजह से बड़ी लम्बी वही रात अब
गुजारती होगी गरम-गरम आँसू बहाकर
व्यथाओं में सूखकर काँटा हो गया होगा शरीर
विरह की सेज पर सिमट-सिकुड़कर
एक तरफ पड़ी होगी बेचारी
क्षीण शशिरेखा-सम
काली चौदस की रात को
प्राचीमूल में गगन के।

आधिक्षामां विरहशयने सन्निषण्णैकपार्श्वां
प्राचीमूले तनुमिव कलामात्रशेषां हिमांशोः।
नीता रात्रिः क्षण इव मया सार्धमिच्छारतैर्या
तामेवोष्णैर्विरहम- हतीमश्रुभिर्यापयन्तीम् ॥

92

झरोखे की जालियों से छनकर
आ रही होंगी चाँद की अमृत-शीतल किरणें;
जुड़ती थीं पहले, अब भी जुड़ाएँगी—
इसी भोलेपन में होकर विभोर
मेरी प्यारी डालेगी निगाहें उनकी तरफ,
मगर कर न सकेगी पल-भर भी बर्दाश्त
ढक लेगी आँखों को फौरन भारी-भारी पलकों से!
बदली के दिन की स्थल कमलिनी की तरह
न जागती ही होगी, न सोती ही होगी;
पड़ी होगी वह बस निमीलितनयना!

पादानिन्दोरमृतशिशि- राञ्जालमार्गप्रविष्टान्
पूर्वप्रीत्या गतमभिमुखं सन्निवृतं तथैव।
चक्षुः खेदात्सलिलगुरुभिः पक्ष्मभिश्छादयन्तीं
साभ्रेऽह्नीव स्थलकमलिनीं न प्रबुद्धां न सुप्ताम्॥

93

विरहिणी तुम्हारी सखी
निरे जल से नहाती होगी आज-कल
गालों प' लटक रही होंगी बालों की रूखी-सूखी लटें
हटाती होगी परे वह उन्हें
अधर-पल्लव को झुलसानेवाली साँसों से
चाहती होगी सोना कि स्वप्न में ही सही
प्राप्त तो हो समागमसुख जैसे-तैसे
नयनों को किन्तु देते नहीं होगे निद्रा का अवसर
आँसुओं के निरन्तर प्रवहमान रेले।

निःश्वासेनाधरकिसलयक्लेशिना विक्षिपन्तीं
शुद्धस्नानात् परुषमलकं नूनमागण्डलम्बम्।
मत्संभोगः कथमुपनयेत् स्वप्नजोऽपीति निद्रा-
माकाङ्क्षन्तीं नयनसलिलोत्पीडरुद्धावकाशाम्॥

94

बिछोह की शुरुआत के दिन
माला खोलकर बाँध ली थी उसने इकहरी चोटी
श्राप की अवधि का होगा अन्त
तब प्रसन्नतापूर्वक मैं ही उस चोटी को सँवारूँगा
अभी तो हो गयी होगी रूखी, कड़ी, विषम
गालों प' बार-बार छितरा जाती होगी
सँभालती होगी कैसे उसे प्रियतमा मेरी
नाख़ूनी उँगलियोंवाले हाथ से?

आद्ये बद्धा विरहदिवसे या शिखा दाम हित्वा
शापस्यान्ते विगलितशुचा तां मयोद्वेष्टनीयाम्।
स्पर्शक्लिस्टामयमितनखेनासकृत्सारयन्तीं
गण्डाभोगात्कठिनविषमामेकवेणीं करेण॥

95

आभूषणशून्य कोमल शरीर को
सँभाले होगी जैसे-तैसे
बिस्तरे पर मुश्किल से पड़ी, अतिशय दुर्बल।
अपनी इस दुर्दशा से
बिना रुलाए न रहेगी वह तुम्हें भी
टपकेंगी नये पानी की बूँदें आँसू होकर
हुआ ही करते हैं करुण प्रकृति के व्यक्ति
भीगी अंतरात्मावाले।

सा संन्यस्ताभरणमबला पेशलं धारयन्ती
शय्योत्सङ्गे निहितमसकृद् दुःखदुःखेन गात्रम्।
त्वामप्यस्रं नवजलमयं मोचयिष्यत्यवश्यं
प्रायः सर्वो भवति करुणावृत्तिरार्द्रान्तरात्मा॥

96

वह मुझे करती है कितना अधिक प्यार–

जानता हूँ खूब, मगर, बता नहीं पाऊँगा!
सोचता हूँ मैं :
हमारे जीवन के इस प्रथम विरह में
कुछ ऐसा ही गुज़र रहा होगा उस पर
समझ मत लेना—
कि वैसी भली स्त्री का पति होने से
बघारता हूँ शेखी!
नहीं नहीं मित्र, वैसी कोई बात नहीं
शीघ्र ही आनेवाला है तुम्हारी आँखों के सामने
जो भी कुछ कहा है मैंने...

जाने सख्यास्तव मयि मनः सम्भृतस्नेहमस्मा
दित्थंभूतां प्रथमविरहे तामहं तर्कयामि।
वाचालं मा न खलु सुभगम्मन्यभावः करोति
प्रत्यक्षं ते निखिलमचिराद् भ्रातरुक्तं मया यत्॥

97

सामने हिल रही होंगी लटें
काजल के अभाव में आया होगा निखर रूखापन
भूल गयी होगी भौंहें चलाना
—मुद्दत से मदिरा न पीने के कारण।
पाकर तुम्हें निकट, फड़क उठेंगी ऊपर की ओर
मृगनयनी की आँखें...
पाकर मछली की चाल हिल उठें जैसे नील कमल
वैसी ही लगेंगी उस वक्त मेरी प्रेयसी की आँखें।

रुद्धापाङ्गप्रसरमल- कैरञ्जनस्नेहशून्यं
प्रत्यादेशादपि मधुनो विस्मृत भ्रूविलासम्।
त्वय्यासन्ने नयनमुपरिस्पन्दि शङ्के मृगाक्ष्या
मीनक्षोभाच्चलकुवलय- श्रीतुलामेष्यतीति॥

98

तुम्हें पाकर निकट

फड़क उठेगी उसकी बाईं जाँघ भी गोरी-गोरी–
देखने में सरस कदली-स्तम्भ-सदृश
चाँपा करता था जिसे मैं अपने हाथों से रति के बाद,
उस जाँघ पर अब तुम्हें न तो मेरे नख-चिह्न ही मिलेंगे,
न मोतियों की चिर-परिचित करधनी ही दिखाई पड़ेगी।

वामश्चास्याः कररुहपदैर्मुच्यमानो मदीयै–
र्मुक्ताजालं चिरपरिचितं त्याजितो दैवगत्या।
सम्भोगान्ते मम समुचितो हस्तसंवाहनानां
यास्यत्यूरुः सरसकदलीस्तम्भगौरश्चलत्यम्॥

99

उस समय, मेघ, आ गयी हो बेचारी को यदि नींद
तो बन्द करके गर्जन-तर्जन
पहर-भर बैठना,
प्रतीक्षा करना।
स्वप्न में कथंचित् मुझसे हुआ होगा समागम;
कर रही होगी गाढ़ आलिंगन गले में डालकर
बाहुपाश।
तोड़कर नींद विघ्न मत डालना उसके मिलन-सुख में
देखना, पड़ने न पाए ढीली भुजलता-ग्रन्थि!

तस्मिन् काले जलद यदि सा लब्धनिद्रासुखा स्या-
दन्वास्यैनां स्तनितविमुखो याममात्रं सहस्व।
मा भूदस्याः प्रणयिनि मयि स्वप्नलब्धे कथंचित्
सद्यः कण्ठच्युतभुजलताग्रन्थि गाढोपगूढम्॥

100-101

लगने देना उसकी देह में फुहारों से ठंडी अपनी बयार,
खुलने देना पलकों को अपने-आप।
मालती की अभिनव कलियों के समान
कोमल-कमनीय हैं मेरी प्रेयसी के अंग
उनमें तुम धीरे-धीरे स्पन्दन भरना।

झरोखे पर बैठे होगे तुम,
एकटक निगाहों से तुम्हारी तरफ देखती वह होगी;
ध्यान रहे, उस वक्त कौंध न जाए कहीं बिजली।
मानमयी मेरी प्रियतमा से
मृदु-मधुर गर्जनों में कहना—

"सुहागिन, तुम्हारे पति का प्रियमित्र मैं हूँ
मेघ, वारिवाहन...
हृदय में निधि की तरह सम्हालकर लाया हूँ संदेश यहाँ।
राह में सुस्ताते होते हैं प्रवासी पथिकों के गिरोह,
मन्द-मधुर-स्निग्ध अपनी ध्वनियों से
भरा करता हूँ मैं उनके अन्दर घर लौटने की
उतावली"!

तामुत्थाप्य स्वजलकणिकाशीतलेनानिलेन
प्रत्याश्वस्तां समभभिनवैर्जालकैर्मालतीनाम्।
विद्युद्गर्भः स्तिमितनयनां त्वत्सनाथे गवाक्षे
वक्तुं धीरः स्तनितवचनैर्मानिनीं प्रक्रमेथाः॥

भर्तुमित्रं प्रियमविधवे विद्धि मामम्बुवाहं
तत्संदेशैर्हृदयनिहितैरागतं स्वत्समीपम्।
यो वृन्दानि त्वरयति पथि श्राम्यतां प्रोषितानां
मन्द्रस्निग्धैर्ध्वनिभिरबलावेणिमोक्षोत्सुकानि॥

102

इतना सुनते ही खिल पड़ेगी,
मुँह उठाके ऊपर निहारने लगेगी,
मन-ही-मन करेगी सत्कार तुम्हारा,
उत्कंठित-हृदया प्रेयसी मेरी
सुनकर पवन-पुत्र से पति के सन्देश का प्रथम पद
हो उठी थी जिस प्रकार उच्छ्वसित-उन्मुख
वियोगिनी मैथिल-कन्या सीता।
इसके बाद सुनेगी आगे का सन्देश

होकर अति सावधान
तुम्हारे मुँह से मेरे मेघ, भद्रकान्त!
सखा के मुख से प्राप्त कुशल-समाचार पति का
तनिक ही कम होता साक्षात् मिलन की अपेक्षा
सुहागिनों के लेखे।

इत्याख्याते पवनतनयं मैथिलीवोन्मुखी सा
त्वामुत्कण्ठोच्छ्वसितहृदया वीक्ष्य सम्भाव्य चैवम्।
श्रोष्यत्स्मात्यपरमवहिता सौम्य सीमन्तिनीनां
कान्तोदन्तः सुहृदुपनतः संगमात् किंचिदूनः॥

103

मैं कहता हूँ, इसलिए भी—
परोपकार से पुण्य होगा, इसलिए भी—
उससे कहना :
सकुशल है तुम्हारा सहचर,
रहता है रामगिरि की वनस्थलियों में सम्प्रति।
विरह की दशा में जानना चाहता है तुम्हारा
कुशल-मंगल,
विपत्ति ही सुलभ है जिनके निमित्त,
यही तो पुछवाते हैं परस्पर वे लोग पहले।

तामायुष्मन् मम च वचनादात्मनश्चोपकर्तुं
ब्रू यादेवं तव सहचरो रामगिर्याश्रमस्थः।
अव्यापन्नः कुशलमवले पृच्छति त्वं वियुक्तः
पूर्वाभाष्यं सुलभविपदां प्राणिनामेतदेव॥

104

कहना—
निरुपाय पड़ा है दूर—बहुत दूर तुम्हारा प्रीतम,
वैरी विधाता रोके बैठे हैं लौटने की उसकी राह
मनोरथों के द्वारा पहुँचता ही रहता है फिर भी—
तुम तक।

दुबलापन, जलन, लगातार बहते हुए आँसू,
गरम-गरम साँसें, मिलने की आकुलता...
यह सब किधर थोड़े हैं, किधर अधिक—
महा कठिन है समझना!
पा लेता है वह तो भी तुम्हारे दुख की बहुत कुछ थाह
करके अनुभव अपने तन-मन की दुःस्थिति का।

अङ्गेनाङ्गं प्रतनु तनुना गाढतप्तेन तप्तं
सास्रेणाश्रुद्रुतमविरतोत्कण्ठमुत्कण्ठितेन।
उष्णोच्छ्वासं समधिकतरोच्छ्वासिना दूरवर्ती
संकल्पैस्तैर्विशति विधिना वैरिणा रुद्धमार्गः॥

105

कहना—
रहती थी बात प्रकट तौर पर कहने योग्य
फिर भी खुल्लमखुल्ला सहेलियों के सामने
तुम्हारे कानों में सटकर फुसफुसाता था जो ढीठ
बस, होंठों से गाल छू लेने के लालच से,
तुम्हारा वही प्रेमी पड़ा है दूर
कानों से परे,
आँखों से ओझल।
इसी से कहलवाए हैं मेरे मुँह से उसने
उत्कंठा में डूबे हुए कतिपय ये शब्द।

शब्दाख्येयं यदपि किल ते यः सखीनां पुरस्तात्
कर्णे लोलः कथयितुमभूदाननस्पर्शलोभात्।
सोऽतिक्रान्तः श्रवणविषयं लोचनाभ्यामदृष्ट—
स्त्वामुत्कण्ठाविरचितपदं मन्मुखेनेदमाह॥

106

कहलवाया है—
प्रिये, करता हूँ मैं उत्प्रेक्षा...
प्रियंगु-लताओं में विद्यमान है तुम्हारा कोमल शरीर

चकित हरिणी के नयनों में निहित है तुम्हारी चितवन
झलक रही चन्द्र-मण्डल में मुख-छाया तुम्हारी
मोर के पंखों में विराजमान हैं तुम्हारे केश-कलाप,
खेल रहे नदी की लहरों में कटाक्ष तुम्हारे...
रुष्ट मत होना प्रिये,
इनमें से एक भी तो नहीं करेगा कदाचित् तुम्हारी—
बराबरी।

श्यामास्वङ्गं चकितहरिणीप्रेक्षणे दृष्टिपातं
वक्त्रच्छायां शशिनि शिखिनां बर्हभारेषु केशान्।
उत्पश्यामि प्रतनुषु नदीवीचिषु भ्रूविलासान्
हन्तैकस्मिन् क्वचिदपि न ते चण्डि सादृश्यमस्ति॥

107

कहलवाया है—
सिलेटी पत्थर पर गेरु आदि से
करता हूँ तैयार आँक-आँक के
प्यार में रूठी हुई आकृति तुम्हारी।
फिर मनाने के निमित्त तुम्हारे पैरों पर गिरते हुए
दिखाना चाहता हूँ अपने को उसी में।
कि इतने में उमड़ आते हैं अपरिमित आँसू,
लुप्त हो जाती है दृष्टि की क्षमता,
कर सकता सहन नहीं निठुर विधाता
इस प्रकार भी हमारा मिलना-जुलना।

त्वामालिख्य प्रणयकुपितां धारातुगैः शिलाया—
मात्मानं ते चरणपतितं यावदिच्छामि कर्तुम्।
अस्रैस्तावन्मुहुरुपचितैर्दृष्टिरालुप्यते मे
क्रूरस्तस्मिन्नपि न सहते संगमं नौ कृतान्तः॥

108

कहलवाया है—
बहुत दिनों बाद कदाचित्

सपनों में ही पड़ जाती हो दिखाई
गाढ़ आलिंगन के लिए फैला देता हूँ बाँहें
आकाश की ओर
द्रवित हो उठती हैं वन की देव-देवियाँ
देखकर मेरा यह हाल;
टपकते हैं बड़े-बड़े मोतियों की तरह उनके आँसू,
हो-होकर सिक्त चमकते रहते हैं पेड़ों के पल्लव।

मामाकाशप्रणिहितभुजं निर्दयाश्लेषहेतो–
लब्धायास्ते कथमपि मया स्वप्नसंदर्शनेषु।
पश्यन्तीनां न खलु बहुशो न स्थलीदेवतानां
मुक्तास्थूलास्तरुकिसलयेष्वश्रुलेशाः पतन्ति॥

109

कहलवाया है–
झटके से तोड़कर देवदार के टटके टूसे
लेकर उनके रस का सौरभ
आता ही रहता है दक्षिण की ओर हिमालय का शीतल समीर
लगा लिया करता हूँ मैं उसे वक्ष से, प्यारी!
यही समझकर कि आये होंगे देह छूकर तुम्हारी!

भित्त्वा सद्यः किसलयपुटान् देवदारुद्रुमाणां
ये तत्क्षीरस्रुतिसुरभयो दक्षिणेन प्रवृत्ताः।
आलिङ्ग्यन्ते गुणवति मया ते तुषाराद्रिवाताः
पूर्वं स्पृष्टं यदि किल भवेदङ्गमेभिस्तवेति॥

110

कहलवाया है–
मनाया करता हूँ सदैव–
लम्बे प्रहरोंवाली यह रात हो जाय क्षण की तरह छोटी।
कम-से-कम तपा करे दिन सभी ऋतुओं में
चंचल नयनोंवाली ओ मेरी प्यारी,
सुनता है कौन मेरी यह प्रार्थना

विरह की तिल-तिल जलानेवाली व्यथाओं ने
बना डाला है मेरे मन को असहाय, अशरण।

संक्षिप्येत क्षण इव कथं दीर्घयामा त्रियामा
सर्वावस्थास्वहरपि कथं मन्दमन्दातपं स्यात्।
इत्थं चेतश्चटुलनयने दुर्लभप्रार्थनं मे
गाढोष्माभिः कृतमशरणं त्वद्वियोगव्यथाभिः॥

111

कहलवाया है—
आगे-पीछे बहुत-कुछ सोच-विचारकर
स्वयं ही मैं लेता हूँ थाम अपने आपको
सो, तुम भी होना मत बे-सम्हाल मेरी सुहागिन!
कौन है, जिसको सुख-ही-सुख मिला सदैव?
कौन है, जिसको दुख-ही-दुख मिला सदैव?
नीचे ऊपर होते ही रहते हैं ये पहिए के धुरी के समान।

नन्वात्मानं बहु विगणयन्नात्मनैवावलम्बे
तत्कल्याणि त्वमपि नितरां मा गमः कातरत्वम्।
क्स्यात्यन्तं सुखमुपनतं दुखमेकान्ततो वा
नीचैर्गच्छत्युपरि च दशा चक्रनेमिक्रमेण॥

112

कहलवाया है—
यह है आषाढ़
चार महीने बाद
शेषशायी विष्णु उठेंगे सोकर
तभी होगी मेरे अभिशाप की अवधि समाप्त।
काट लो आँख मूँदकर कथंचित कुछ-एक महीने...
फिर तो मेरी रानी, विरह-काल में
ह्रदय के मध्य उबलने वाली हमारी ये साधें
पूरी होंगी शरद की चाँदनीवाली उन रातों में।

शापान्तो में भुजगशयनादुत्थिते शार्ङ्गपाणौ
शेषान्मासान् गमय चतुरो लोचने मीलयित्वा।
पश्चादावां विरहगुणितं तमात्माभिलाषं
निर्वेक्ष्यावः परिणतशरच्चन्द्रिकासु क्षपासु॥

113

और, यह भी कहलाया है तुम्हारे प्रीतम ने
मेरे मुँह से—
गले से लगी सोई पड़ी थीं तुम एक बार
जोरों से चिहुँक उठी थीं, जग उठी थीं रोती-रोती
'क्या हुआ, क्या हुआ'...बार-बार मैंने पूछा था।
तुम्हारा मुखमण्डल हो उठा था उद्भासित
गुलाबी हँसी की हल्की लहरों से
और दबी आवाज में बोली थीं तुम...
बनाऊँ, क्या बोली थीं?
ाली थीं—सपने में अभी-अभी तुम्हें देखा मैंने—
उड़ा रहे थे मज़े किसी दूसरी के साथ।

भूयश्चाह त्वमपि शयने कण्ठलग्ना पुरा मे
निद्रां गत्वा किमपि रुदती सस्वनं विप्रबुद्धा।
सान्तर्हासं कथितमसकृत्पृच्छतश्च त्वया मे
दृष्टः स्वप्ने कितव रमयन् कामपि त्वं मयेति॥

114

कहलवाया है—
पहचान की इन बातों से समझ लेना कि मैं कुशल हूँ,
अफवाहों की ओर लगाना मत कान
शक न करना, भरोसा रखना
चंचल नयनोंवाली मेरी प्यारी!
व्यर्थ ही कहते हैं लोग कि विरह में मर जाता है प्रेम,
वस्तुतः मिलती नहीं जब मनचाही चीज
बहुत बढ़ जाती है उसे पाने की प्यास
इकट्ठा हो जाता है फिर ढेर-सा प्यार;

विरह की स्थिति में प्रेम बढ़ता ही जाता है इस प्रकार।

एतस्मान्मां कुशलिनमभिज्ञानदानाद् विदित्वा
मा कौलींन्याच्चकितनयने मय्यविश्वासिनी भूः।
स्नेहानाहुः किमपि विरहे ध्वंसिनस्ते त्वभोगा–
दिष्टे वस्तुन्युपचितरसाः प्रेमराशीभवन्ति॥

115

प्रथम विरह के कारण प्रबल शोक से अभिभूत
अपनी भाभी को दो आश्वासन!
खुरों और सींगों से उकेरता रहता है
रुद्र-वाहन वृषभ जिसकी चोटियाँ
फिर यहाँ आओ लौटकर उसी कैलास से!
निशान-पहचान समेत कुशल-समाचार
मुझे भी सुनाओ
सम्हालो प्रिय इस प्रकार
प्रातःकालीन कुन्द-कुसुम की तरह
चू पड़ने को तैयार मेरा यह जीवन!

आश्वास्यैवं प्रथमविरहोदग्रशोकां सखीं ते
शैलादाशु त्रिनयनवृषोत्खातकूटान्निवृत्तः।
साभिज्ञानप्रहितकु- शलैस्तद्वचोभिर्ममापि
प्रायः कुन्दप्रसवशिथिलं जीवितं धारयेथाः॥

116

प्रिय भाई,
मेरा यह काम पूरा करोगे न?
आखिर, तुमने इस बारे में क्या तय किया?
रहने दो, अपार आस्था है मुझे तुम पर।
समझता हूँ मैं तुम्हारे मौन का तात्पर्य
'हाँ' या 'हूँ' करोगे, तभी तसल्ली होगी...
ऐसी कोई बात नहीं।
जानता हूँ, तुम्हीं हो कि माँगने पर

दिया करते हो चुपचाप चातकों को पानी।
मालूम हो जाने पर चुपके से कर देते हैं काम—
याचकों के प्रति यही जवाब हुआ करता है
सज्जनों का।

कच्चित्सौम्य व्यवसितमिदं बन्धुकृत्यं त्वया मे
प्रत्यादेशान्न खलु भवतो धीरतां कल्पयामि।
निःशब्दोऽपि प्रदिशसि जलं याचितश्चातकेभ्यः
प्रत्युक्तं हि प्रणयिषु सतामीप्सितार्थक्रियैव॥

117

मित्रवर मेघ!
तुम्हारे योग्य नहीं है यह काम
क्षमा करना, बहुत बड़ी ढिठाई की मैंने।
मित्र हूँ, विरही हूँ, दया का पात्र हूँ...
चाहे कुछ भी समझो!
मान लेना मेरी प्रार्थना,
कर देना काम पूरा।
तत्पश्चात्
होकर मंगलमय पावस से समृद्ध
जहाँ चाहो घूमते फिरना।
क्षण-भर भी इस तरह का बिछोह
प्राणप्यारी, अपनी बिजली से
कभी न हो तुम्हारा!

एतत्कृत्वा प्रियमनुचितप्रार्थनावितनो मे
सौहार्दिद्वा विधुर इति वा मय्यनुक्रोशबुद्धया।
इष्टान्देशाञ्जलद विचर प्रावृषा सम्भृतश्री-
र्मा भूदेवं क्षणमपि च ते विद्युता विप्रयोगः॥

परिशिष्ट-क

मुक्त-वृत्त, पृ. 7-8

महाकवि निराला ने कविताओं के अपने संकलन 'परिमल' की भूमिका में और 'पंतजी और पल्लव' शीर्षक समीक्षात्मक निबन्ध में इस पर विस्तार से प्रकाश डाला है।

शमशेर बहादुर सिंह ने 'मुक्त छन्द' पर एक तगड़ा निबन्ध लिखा है। यह उनके 'दो-आव' में संकलित है। प्रभाकर माचवे का इस प्रसंग का लेख 'हिन्दी मुक्त-छन्द' हाल ही 'नई दिशा' (2) में प्रकाशित हुआ है।

भावनाओं के आवेग छन्द-बन्ध तोड़कर निकलते हैं तो अंत्यानुप्रास, तुक, काफिया आदि का कोई बस नहीं चलता। वाणी का सहज-निराडम्बर प्रवाह किसी प्रकार की मर्यादा स्वीकार नहीं करता। किस परिस्थिति में तरुण निराला ने मुक्त-छन्द की सृष्टि की, इस पर वह कहते हैं :

"चिरकाल से बंगाल में रहने के कारण हिन्दी और बांग्ला की नाट्यशालाओं में अभिनय देखते रहने के मुझे विशेष अवसर मिले। कलकत्ता इन दोनों भाषाओं के रंगमंचों से प्रसिद्ध है। हिन्दी के रंगमंचों में अलफ्रेड और कोरेंथियन के नाटकों को देखकर मुझे बड़ा दुःख होता था। उनके नटों के अस्वाभाविक उच्चारण से तबियत घबराने लगती थी। उस समय मैं 16-17 से अधिक का न था। कल्पना की सुदूर भूमि में हिन्दी के अभिनय की सफलता पर विचार करते हुए, बोलते हुए, पाठ खेलते हुए जिस छन्द की सृष्टि हुई, वह यही है और पीछे से विचार करके भी देखा तो इसे स्वभाववश निश्चल हृदय की सत्य ज्योति की तरह निकलता हुआ पाया।" ('प्रबन्ध-पद्म' में उक्त निबन्ध, पृ. 100)

मुक्त छन्द का स्वरूप बतलाते हुए निरालाजी ने कहा—"छन्दःशास्त्र का निर्माण भाषा के तैयार हो जाने के पश्चात् हुआ करता है, जैसे बच्चे के पैदा हो जाने के बाद उसका नामकरण। स्वर की बराबर लड़ियों में भी शब्द निकलते हैं

और विषम लड़ियों में भी। जैसे आलाप में ताल नहीं होता, राग या रागिनी का चित्र मात्र देखने और समझने के लिए सामने आता है, उसी तरह मुक्त-छन्द में स्वर का संयम नहीं देख पड़ता, स्वर की लड़ी बराबर नहीं मिलती कविता की केवल मूर्ति सामने आती है। राग या रागिनी जब सीमा के अन्दर, बजानेवाले की सुविधा के लिए बाँध दी जाती है, तब ताल में उसके बँधे रूप का लावण्य रहता है—जैसे एक ही विहंग की वन में स्वाधीन वृत्तियाँ और पिंजड़े में ससीम चेष्टाएँ।" (वही, पृ. 101)

हिन्दी में रूपनारायण पाण्डेय, जयशंकर प्रसाद, मैथिलीशरण गुप्त और अयोध्यासिंह उपाध्याय द्वारा प्रयुक्त अतुकांत—किन्तु व्यवस्थित—छन्दों की चर्चा करके निरालाजी दूसरी जगह कहते हैं :

"इस तरह की कविता अतुकांत काव्य का गौरव-पद भले ही अधिकृत करती हो, वह मुक्त-काव्य या स्वछंद छन्द कदापि नहीं। वहाँ मुक्ति रहती है, वहाँ बन्धन नहीं रहते। न मनुष्यों में, न कविता में। मुक्ति का अर्थ ही है बन्धनों से छुटकारा पाना। अतुकांत रहने पर भी गण-वृत्तों में गणों की शृंखला, मात्रिकवृत्तों में मात्राओं का साम्य, वर्णवृत्तों में अक्षरों की समानता मिलती है। इस प्रकार के दृढ़ नियमों से बँधी हुई कविता कदापि मुक्त-छन्द नहीं हो सकती। मुक्त-छन्द तो वह है, जो छन्द की भूमि में रहकर भी मुक्त है। इस पुस्तक (परिमल) के तीसरे खंड में जितनी कविताएँ हैं, सब इस प्रकार की हैं। उनमें कोई नियम नहीं। केवल प्रवाह कविता-छन्द का-सा जान पड़ता है। कहीं-कहीं आठ अक्षर आप-ही-आप आ जाते हैं। मुक्त-छन्द का समर्थक उसका प्रवाह ही है। वही उसे छन्द सिद्ध करता है, और उसका नियम-राहित्य उसकी मुक्ति।

'विजन-वन-वल्लरी पर
सोती थी सुहाग-भरी
स्नेह-स्वप्न-मग्न अमल-कोमल-तनु तरुणी
जुही की कली
दृग बन्द किए—शिथिल—पत्रांक में।'

यहाँ 'सोती थी सुहाग-भरी' आठ अक्षरों का एक छन्द आप-ही-आप बन गया है। तमाम लड़ियों की गति कवित्त-छन्द की तरह है।

हिन्दी में मुक्त-छन्द काव्य कवित्त-छन्द की बुनियाद पर सफल हो सकता है। कारण, यह छन्द चिरकाल से इस जाति के कण्ठ का हार हो रहा है। दूसरे, इस छन्द में एक विशेष गुण यह भी है, इसे लोग चौताल आदि बड़ी तालों में तथा

ठुमरी की तीन तालों में भी सफलतापूर्वक गा सकते हैं और नाटक आदि के समय इसे काफी प्रवाह के साथ पढ़ भी सकते हैं। आज भी हम रामलीलाओं में, लक्ष्मण-परशुराम-संवाद के समय, वार्तालाप में इस छन्द का चमत्कार प्रत्यक्ष कर लेते हैं। यदि हिन्दी का कोई जातीय छन्द चुना जाय, तो वह यही होगा।" (परिमल की भूमिका, पृ. 21-22)

शमशेर का निबन्ध इस समय सामने नहीं है। भूमिका में मुक्त-छन्द पर जो कुछ लिखा था, उसमें इनके मन्तव्यों का मुझे सहारा रहा। (देखिए—भूमिका) उदाहरण के तौर पर उद्धृत कतिपय काव्यांश वहाँ शमशेर के निबन्ध से ही ज्यों-के-त्यों ले लिये गये हैं।

प्रभाकर माचवे की राय में—"हिन्दी में चार तरह के मुक्त-छन्द शायद व्यवहृत होते हैं : (1) कविता के चरण को लेकर लिखा जानेवाला बारह मात्राओं वाला या छः-छः मात्राओं के विरामवाला अक्षरप्रधान या वर्णिक मुक्त-छन्द, जैसे—'जागो फिर एक बार' या 'शिशिर की राका निशा' या 'आज उचटा-सा हृदय' आदि। (2) दूसरा जो बहुप्रचलित मुक्त-छन्द है, वह वार्णिक न होकर अष्टमात्रिक है। जैसे—

सघन बर्फ की कड़ी पर्त-सी
एक-एक कर अमित रूढ़ियाँ
सदियों से जमती जाती हैं
तह पर तह मानव जीवन पर (भा.भू. अग्रवाल, तार-सप्तक-1)

भीगा दिन पश्चिमी तहों से उतर चुका है
बादल ढकी रात आती है
धूप भरी दीपक की लौ पर मंदे पग धर (गि.कु. माथुर, वही)

इसमें भी कई कवियों ने कई प्रकार की छूट ली है। मात्राओं की संख्या की घट-बढ़ी के साथ इसका स्वरूप बदला है। (3) तीसरा जो इन दोनों मुक्त-छन्दों में नहीं होता वह देहाती (और, फिल्मी नहीं?) गीतों की धुनों से प्रभावित उनकी टेक पर आश्रित मुक्त-छन्द है। जैसे—'फूल कचनार के, प्रतीक मेरे प्यार के' या 'माली के छोकरे, माली के छोकरे, ला दे मुझे गजरे वेले के' या 'पीले फूल कनेर के' आदि। इस प्रकार के मुक्त-छन्द में बहुत संभावनाएँ हैं चूँकि आल्हा-कजरी-रसिया-होरी-बरवै से लगाकर लावनी जोड़-तोड़ वा ददरिया तक कई तरह की चीजें ग्राम-गीतों में प्रचलित हैं और उनसे अधिक-से-अधिक प्रेरणा और पद्यबन्ध

(Verse Patterns) लिये जा सकते हैं, बशर्ते कि वह संगीतमयता कवि में स्वयं हो। (4) सबसे खतरनाक तो मुक्त-छन्द का यह चौथा रूप चल पड़ा है जो उर्दू की आज़ाद नज्म से भी प्रभावित है, जैसे अली सरदार जाफरी का 'एशिया जाग उठा' और बाइबिल तथा वैदिक ऋचाओं या उपनिषदों से भी प्रभावित होकर लिखी गई वाल्ट हिट्मैन की लम्बी-लम्बी लाइनों का जो अनुकरण लारेन्स-इलियट-पाउण्ड आदि ने किया, उसकी भी छाप इस पर है। वह यह मंत्रप्राय कविताई है जिसे मैं पद्य में अराजकता मानता हूँ। मुक्त-छन्द की इस अराजकता का प्रभाव रूसी कवि मायकोवस्की पर भी पड़ा था।"

आगे माचवे ने बताया है कि "ज्यों-ज्यों गीत शुद्ध संगीत बनता गया, कविता उससे हटती गयी। पर आज ऐसी स्थिति नहीं है।" शुद्ध संगीत और शुद्ध कविता के क्षेत्र में हम अधिकाधिक सार्वजनीनता Community Singing, Collective Poetry की बात भी जनतंत्र में करते हैं।

अंत में वह हमारे सामने कुछ विचारणीय बातें रखते हैं मुक्त-छन्द के विषय में। "(क) मुक्त-छन्द को आज की तरह निरंकुश, अराजक स्थिति में छोड़ दिया जाय? (ख) इसमें व्यंजनध्वनि और स्वरध्वनि का क्या अनुपात हो? (ग) बोलियों की तरह हम हिन्दी में कभी-कभी दीर्घ को ह्रस्व उच्चारित करने की और बांग्ला-मराठी के स्वरालोड़न की सुविधा भी चाहते हैं। उसके लिए क्या कोई चिह्न प्रयुक्त किया जाय? (घ) मुक्त-छन्द का मूल यूनिट क्या होगा—वर्ण, अक्षर, मात्रा-ताल या केवल समावर्तन या आन्दोलन? (च) पंक्तियों का तोड़ना किस उद्देश्य से हो? महज फैशन के लिए? नये भाव या विचार के लिए? या छन्द की सुविधा के लिए? (छ) पंक्तियाँ स्वयं पूर्ण हों या run-on? (ज) वितरण की मात्राएँ गिनी जाएँ? (झ) स्वराघात का क्या होगा? उसका या उस्का? सहसा या सह्सा? घर में या घर्में? उच्चारण के इन खास क्रमों को कैसे व्यवस्थित किया जायगा?" (हिन्दी मुक्त-छन्द, नई दिशा-2, पृ. 78, 79, 81)

परिशिष्ट-ख

श्लोक–1; यक्ष : देवताओं की जाति के और मौजी तबीयत के। प्राचीन काव्य और चित्रकला आदि में यक्षों का साक्षात्कार अब भी कर सकते हैं। अपने इस काव्य में कालिदास ने यक्ष को प्रेमी सहृदय के रूप में हमारे सामने रखा है। ताल-तलइया में, झील में, टूटे-फूटे पुराने मन्दिर में, बरगद, पीपल, पाकड़ आदि के वृक्ष पर यक्ष का निवास बताया गया है। जैसे अब भी "जवान या निपूती औरत को भूत लगता है" उसी तरह पहले जमाने में यक्ष भी "लगता" था।

रामगिरि : प्राचीन टीकाकार मल्लिनाथ की राय में चित्रकूट (जि. बाँदा, करवी के निकट) ही रामगिरि था, मगर अब अधिक-से-अधिक विद्वानों का यह मत स्थिर हो चुका है कि रामटेक (जि. नागपुर, मध्यप्रदेश) था, वह स्थान जहाँ से कालिदास का यक्ष मेघ को सम्बोधित करता है।

शाप : यक्षों के राजा कुबेर ने इस यक्ष को शाप दिया कि वह साल-भर अपनी पत्नी से अलग रहेगा। टीकाकारों की इस प्रसंग में दो राएँ हैं–कुछ का कहना है कि कुबेर ने यक्ष को अपना उद्यानपाल नियुक्त किया था, किन्तु पत्नीभक्त होने के कारण उसने अपनी ड्यूटी में लापरवाही बरती...इन्द्र का हाथी (ऐरावत) एक बार आया और कुबेर के उपवन को तहस-नहस करने लगा। कुबेर ने सुना तो कुपित होंकर सेवक को शाप दिया।

शाप : के बारे में दूसरी राय है कि कुबेर प्रतिदिन तड़के ही कमल के टटका फूल से शिवजी की पूजा करते थे और यह फूल मानसरोवर (कैलास) से लाने की जिम्मेवारी इसी यक्ष पर

थी। कुछ दिनों तक तो वह मुस्तैदी से कमल का ताज़ा फूल लाता रहा, लेकिन पीछे ढीला पड़ गया। पत्नी को यह अखरता था कि ठीक आधी रात के क्षणों में ही बिस्तरा छोड़कर उसका पति रोज़ बाहर निकल जाए...तब वह दिन-दिखारे ही कमल तोड़कर लाने लगा। रात-भर फूल रखा रहता, सुबह-सुबह मालिक के यहाँ पहुँचा दिया जाता। एक दिन, शाम को ही भौंरा घुस गया कमल के अन्दर। प्रातःकाल पूजा के समय भौरे ने कुबेर की उँगली में डंक मार दी। भेद खुलने पर यक्षेश्वर महाराज कुबेर ने अपने इस नौकर को शाप दिया।

श्लोक–2 : दुबली कलाइयों से खिसक पड़े कंगन (कनकवलय-भ्रंश-रिक्तप्रकोष्ठः)–बात यह थी कि उस जमाने में मर्द भी कंगन पहनते थे। अब भी देहातों में जहाँ-तहाँ दोनों हाथों में या एक ही हाथ में चाँदी या सोने का वलय (कड़ा, कंगन, बलिजा) पहने पुरुष दिखाई दे जाते हैं। गुप्त-साम्राज्य के युगों में नागरिक एक हाथ में सोने का ढीला कड़ा पहनते थे। उन दिनों की बनी पुरुष-प्रतिमाओं के हाथ देखने से अब भी इस तथ्य का साक्ष्य मिलता है।

श्लोक–3 : राजराजेश्वर कुबेर (राजराज)–सामान्य यक्ष भी राजा कहलाता था, इसी से यक्षों के मुखिया को राजराजेश्वर कहा गया।

श्लोक–4 : कुटज। हिन्दी में इसे 'कुरैया' कहते हैं। फूल छोटा-छोटा और पंखुड़ियाँ सुफेद होती हैं, बरसात के आरम्भ में ही खिलता है।

श्लोक–5 : धूम, ज्योति, सलिल, समीर के जमघट (धूमज्योतिः सलिलमरुतां सन्निपातः)–मेघ के सम्बन्ध में कालिदास के इस काव्य द्वारा काफी-कुछ सूचनाएँ हमें मिलती हैं। आधुनिक ऋतु-विज्ञान के अनुसार मेघों का जो शास्त्रीय विवेचन किया जाता है–उसकी जानकारी के लिए हमारे पाठक राजकमल प्रकाशन (दिल्ली, बम्बई, इलाहाबाद) द्वारा प्रकाशित 'मेघदूत' का परिशिष्ट-1 और परिशिष्ट-2 अवश्य देखें। परिशिष्ट-1 का शीर्षक है 'मेघशास्त्र' और परिशिष्ट-2 का शीर्षक है 'मेघों का वैज्ञानिक विवेचन'। पहले परिशिष्ट के लेखक हैं उक्त 'मेघदूत' के सम्पादक स्वयं श्रीवासुदेवशरण

अग्रवाल और दूसरे परिशिष्ट के लेखक हैं श्री पुरुषोत्तम प्रसाद ज्ञानी और श्री कैलाशबिहारी प्रसाद (ये दोनों ही साइंस कॉलेज, पटना के प्रोफेसर हैं।) हिन्दी में मेघों के बारे में जानकारी की ऐसी ठोस सामग्री हमें अन्यत्र कहीं नहीं मिली।

ऊपर के दोनों निबन्धों ('मेघशास्त्र' और 'मेघों का वैज्ञानिक विवेचन') से कुछ एक अंश यहाँ उद्धृत कर देना आवश्यक प्रतीत होता है :

"वैज्ञानिक विवेचन के अनुसार मेघ चार प्रकार के कहे गये हैं और संस्कृत साहित्य में भी उनके चार ही भेद हैं। अंग्रेजी नामों के ठीक पर्याय के रूप में तो नहीं, किन्तु कुछ विशेषताओं के अनुसार संस्कृत नामों को उन नामों के समकक्ष इस प्रकार माना जा सकता है–

(1) सिरस Cirrus–संस्कृत, पुष्कर।

(2) स्ट्रेटस Stratus–संस्कृत, आवर्त्तक।

(3) क्युमुलस Cumulus–संस्कृत, संवर्तक।

(4) निम्बस Nimbus–संस्कृत, द्रोण।

पुष्कर मेघों में चित्रित वृष्टि अर्थात् ओले, बरफ आदि सूक्ष्म कणों का ढेर कहा गया है। सिरस मेघों की विशेषता है, ये सबसे अधिक ऊँचाई पर रहते हैं। द्रोण मेघों को अत्यन्त जल बरसानेवाला कहा गया है, अतएव इन मेघों की तुलना अंग्रेजी के निम्बस मेघों से करनी उचित ही है क्युमुलस मेघों में तूफान-गर्जन और घोर वृष्टि होती है। जिस समय वे आकाश में उठते हैं, प्रलय-सी मच जाती है। इन्हीं को पुराणों में संवर्तक मेघ कहा गया है, जो प्रलयांत में आकर वृष्टि के बँधे हुए संस्थान को तोड़-फोड़ डालते हैं। चौथे स्ट्रेटस मेघों में बहुत-सी परतें या तहें पाई जाती हैं, अतएव इन्हें आवर्त्तक नाम से अभिहित किया जा सकता है। (भारत सरकार की तरफ से 1945 ई. में प्रकाशित 'क्लाउड एटलस' भी इस सम्बन्ध में द्रष्टव्य है)"

–'मेघशास्त्र'

मेघ का निर्माण कैसे होता है? वर्षा किस प्रकार होती है? इन्द्रधनुष की पैदाइश क्योंकर होती है? बादलों का गरजना क्या है? आसमान में बिजली कैसे कौंधती है?–आदि प्रश्नों का समाधान हमें 'मेघों का वैज्ञानिक विवेचन' नामक निबन्ध में मिलता है। यह लेख सर्वप्रथम हिन्दी-साहित्य-संघ, पटना द्वारा प्रकाशित-प्रचारित मासिक 'रश्मि' (हस्तलिखित) के मेघांक से लेकर छापा गया

है। उक्त मेघदूत के परिशिष्ट-2 के रूप में 'रश्मि' का मेघांक देखने का सौभाग्य मुझे भी प्राप्त हुआ था।

इस विवेचन में कहा गया है—

"पृथ्वीतल में तीन भाग जल और एक भाग स्थल विस्तृत है। जल की सतह से वाष्प सर्वदा उड़ता रहता है। सूर्य का प्रचंड ताप जब समुद्र की सतह पर पड़ता है तो वाष्पीकरण की गति और बढ़ जाती है। अतएव ग्रीष्म ऋतु में बहुत अधिक भाप बनता है। वाष्प साधारण वायु से 0.64 गुना हल्का होता है, अतएव समुद्र की सतह से यह क्रमशः ऊपर उठता है और वायु-प्रवाह में पड़कर स्थल की ओर आता है। वाष्पमिश्रित वायु के मार्ग में जब कोई भूमि या पहाड़ आ पड़ते हैं तो हवा की आगे बढ़ने की गति रुक जाती है। अतः यह पुनः ऊपर की ओर उठने लगता है। वायुमंडल का ऊपरी भाग उसके निम्न भाग से ठंडा होता है। इसलिए ज्यों-ज्यों वाष्पमिश्रित वायु ऊपर उठता जाता है त्यों-त्यों वह ठंडा होता जाता है। ठंडा वायु गर्म वायु से कम वाष्प धारण कर सकता है, इसलिए वायु के ठंडा होने के कारण का कुछ अंश सूक्ष्म जल-कणों के रूप में परिणत हो जाता है। अपनी सूक्ष्मता के कारण ये कण वायु में ही अवलम्बित रहते हैं। ऐसे असंख्य कण वायु के ऊपरी भाग में एक साथ अवलम्बित होकर मेघों का निर्माण करते हैं। शरद् ऋतु में हम प्रायः कुहासा देखते हैं। यह भी मेघ ही है जो पृथ्वीतल के निकट वायु में अवलम्बित रहता है। ऐसा भी कह सकते हैं कि मेघ वायुमंडल के ऊपरी भाग में लगा हुआ कुहासा है। उक्त मेघ वायु के साथ कुछ और ऊपर उठता है, जिसके फलस्वरूप जल के कण कुछ और बड़े-बड़े हो जाते हैं। जब वे वायु में अवलम्बित नहीं रह सकते तो वर्षा के रूप में बरस जाते हैं। वर्षा का अधिकांश जल नदी द्वारा समुद्र में चला जाता है।"

"कभी-कभी आकाश मेघाच्छन्न रहता है, फिर भी वर्षा नहीं होती। कारण यह है कि मेघ से जल की बूँदें पृथ्वीतल की ओर चलती तो हैं पर मार्ग में अधिक गर्म वायु लगने से पुनः वाष्प बनकर वायु में मिल जाती हैं और वर्षा नहीं होने पाती।"

—'मेघों का वैज्ञानिक विवेचन'

1000 गज से नीचे की ऊँचाई पर प्रायः कोई मेघ नहीं आता। वैज्ञानिकों ने इन मेघों के दस प्रकार बतलाए हैं। शरद् की अपेक्षा ग्रीष्म में ये अधिक ऊँचाई पर उड़ा करते हैं। पवन पंख पर सवार ये अनन्त आकाश की सैर करते रहते हैं। ज्यों-ज्यों ऊपर उठते हैं, उनकी रफ्तार तेज होती है। 5॥ मील की ऊँचाई पर मेघ की गति 150 मील प्रति घंटे तक की पाई गयी है। धरती से ज्यादा से ज्यादा 10

मील तक ऊपर उठ सकते हैं ये, और ऊपर नहीं।

"मेघों में बिजली भरी होती है। दो मेघों के बीच या मेघ और पृथ्वी के बीच बड़ी-बड़ी विद्युत चिनगारियाँ उत्पन्न होती हैं, उन्हें ही बिजली चमकना कहते हैं। ××× बिजली बहुत ही उच्च तापक्रम उन्नत करती है जिसके कारण निकट का वायु बहुत ही गर्म हो जाता है। अकस्मात् गर्म होकर वायु बहुत फूल जाता है, इसलिए वह चारों ओर भीषण गति से भागता है। फलस्वरूप नभ में गर्जन होता है। इसे ही मेघ-गर्जन कहते हैं।"

"काँच के त्रिपार्श्वीय टुकड़ों में ऐसा गुण है, यह सूर्य का श्वेत प्रकाश खंडित करके सात वर्णों (नील-लोहित Violet, नील Indigo, गाढ़ा नीला Blue, हरा Green, पीला Yellow, नारंगी Orange और लाल Red में उस प्रकाश को छितरा देता है। उचित परिस्थिति में जल की बूँदें भी ऐसा कर सकती हैं जिससे इन्द्रधनुष बनता है। ××× इन्द्रधनुष देखने की कुछ शर्तें—सूर्य देखनेवाले के ऊपर या पीछे रहना चाहिए और नभ में जल की बूँदें उसके सामने हों। ऐसा होने से सूर्य के श्वेत प्रकाश का किरण-जाल जल की बूँदों पर पड़कर खण्डित हो जाता है और लौटकर देखनेवाले के पास आता है, फिर इन्द्रधनुष के रूप में दिखाई पड़ता है।"

—'मेघों का वैज्ञानिक विवेचन'

'मेघदूत' में कई प्रकार के मेघों की या मेघ के कितने स्वरूपों की चर्चा आयी है। कालिदास की कवि-चेतना ऐसी अपूर्व और अनोखी थी कि उसमें मेघ के प्रायः सभी रूप समा गये थे। श्लोकों को उद्धृत करके इसका सबूत देने में बेहद विस्तार होने की आशंका है।

श्लोक–14 : दिङ्नाग। इसका अर्थ हमने चक्करदार अंधड़ (आँधी) और 'भारी बगूला' किया है। दिङ्नाग का मतलब दिग्गज तो होगा ही, इसी नाम से प्रख्यात एक बौद्ध दार्शनिक (चौथी सदी) की तरफ भी कदाचित् कवि का संकेत रहा होगा, जैसा कि मल्लिनाथ आदि कई टीकाकारों की धारणा है। 'आँधी-तूफान' दिग्गज का कोई अपना उद्भावित अभिप्राय मेरा नहीं है, कहीं-किन्हीं विद्वान् के मुँह से सुना था। "दिग्गजों के मोटे-मोटे सूँडों को परे हटाते हुए" की अपेक्षा "आँधी-तूफान की अड़चनों की पर्वाह न करते हुए" वाला यह अर्थ मुझे कहीं संगत जँचा।

श्लोक–15 : वल्मीक। इसका प्रचलित अर्थ होगा दीमकों का अड्डा, बाँबी। मगर टीकाकार रामनाथ ने 'आतप-युक्त मेघ' वाला अर्थ लिया है। मुझे यही उचित जान पड़ता है। भला, दीमकों के अड्डे से इन्द्रधनुष का क्या लेना-देना?

श्लोक–17 : आम्रकूट। पता नहीं, इस पहाड़ी से कवि का आजकल की किस पहाड़ी की तरफ इशारा रहा होगा?

श्लोक–19 : हाथी की देह पर।

यहाँ आचार्य श्री सीताराम चतुर्वेदी ने यों अर्थ किया है— "××× रेवा नदी मिलेगी जो ××× ऐसी दिखाई देगी मानो किसी ने बड़े-से हाथी का शरीर भभूत से चीत दिया हो।" (कालिदास ग्रन्थावली, द्वितीय संस्करण—पृ. 346-347)

परन्तु डॉ. श्री वासुदेवशरणजी अग्रवाल ने उक्त अंश का यह रूपान्तर किया है—"××× नर्मदा तुम्हें ऐसी दिखाई देगी जैसे हाथी के अंगों पर भाँति-भाँति के कटावों से शोभा-रचना की गयी हो।"

हमें अब अपना यह अर्थान्तर जँचता है—

"हाथी की देह पर
रचित विविध डिज़ाइनों में
पत्र-छापों-सी श्वेत-शुभ्र।"

'भक्तिच्छेदैः' यहाँ मूल में एक खास शब्द है। डॉ. अग्रवाल ने परिशिष्ट की अपनी टिप्पणियों में विस्तार से बताकर 'भक्ति (हिन्दी—भांत, गुजराती—भांत, बिहारी—काट या नमूना) को अंततः अंग्रेजी पर्याय 'डिजाइन' से समझाया। 'छेद' को 'स्टेन्सिल' बताया है। यह सर्वथा संगत है।

श्लोक–21 : सारंगाः। सारंग के तीनों अर्थ यहाँ लिये गये हैं—भ्रमर, हरिण और हाथी।

श्लोक–25 : विदिशा। भेलसा (मध्यभारत)

श्लोक–31 : अवन्ति; मालवा (मध्यभारत) का काली मिट्टीवाला जनपद।

श्लोक–46 : स्कंद; कुमार कार्तिकेय (शिवजी का बड़ा लड़का)।

श्लोक–49 : ब्रह्मावर्त; बरेली, मुरादाबाद, हाथरस, अलीगढ़, आगरा, मथुरा, दिल्ली, मेरठ, सहारनपुर, अम्बाला, करनाल आदि (ब्रज, पांचाल और कुरु) अंचल।

श्लोक–53 : त्रिपथगा। तीन राहों से जानेवाली, तीन धारों में बहनेवाली। यह गंगा का एक नाम है। कुमाऊँ-गढ़वाल के पहाड़ों से निकलनेवाली कई छोटी-छोटी नदियों से मिलती-जुलती यह कनखल के करीब आकर समतल मैदानों की तरफ आगे बढ़ती है। इस त्रिपथगा का उत्स है गंगोत्री।

श्लोक–64 : प्रियतम की गोद में...। बस, यहाँ तक का हिस्सा 'पूर्व-मेघ' कहलाता है। इससे आगे, अंत तक 'उत्तर मेघ'।

❑❑